Bernd A. Mertz

Welches Tier steckt in mir?

Bernd A. Mertz

Welches Tier steckt in mir?

Das archetypische Tier als Spiegel des Charakters

mvg

Die Deutsche Bibliothek – CIP-Einheitsaufnahme

Mertz, Bernd A.:
Welches Tier steckt in mir? : das archetypische Tier als Spiegel des Charakters / Bernd A. Mertz. – Landsberg am Lech : mvg-verl., 1999
Ausg. im Ariston-Verl., Kreuzlingen u. d. T.: Mertz, Bernd A.: Dein archetypisches Tier – von Katzen, Käuzen und anderen Menschen
(mvg-Paperbacks ; 08598)
ISBN 3-478-08598-5

Titel der Originalausgabe: „Dein archetypisches Tier – Von Katzen, Käuzen und anderen Menschen“

Umschlaggestaltung: Vierthaler & Braun, München
Satz: SatzTeam Berger, Ellenberg
Druck- und Bindearbeiten: Presse-Druck Augsburg
Printed in Germany 080598/199502
ISBN 3-478-08598-5

Inhalt

Wozu dieses Buch? 9

Die individuelle Suche nach dem Archetypus 18

Die Tier-Archetypen 23

Der ***Adler*** greift ein 23
Was habe ich mit einem ***Affen*** gemein? 25
Der ***Bär*** und Leckerle-Paul 27
Das fleißige ***Bienchen*** 29
Schon in der Antike berühmt: der ***Delphin*** 30
Vernichtet und doch unbesiegt: der ***Drache*** 32
Voll wilder Kampfeslust: der ***Eber*** 33
Flink und einnehmend: ***Eichhörnchen*** und ***Elster*** 34
Berühmt wie kein lebendes Tier: das ***Einhorn*** 36
Bringt er Glück, weil er arbeitet? Der ***Elefant*** 38
Soziale Sicherheit geht ihnen über alles: die ***Erdmännchen*** 40
Einst wild, dann dienend, heute fast vergessen: der ***Esel*** 42
Sinnbild der Weisheit: die ***Eule*** 43
Zwischen Himmel und Erde: der ***Falke*** 45
Munter wie ein ***Fisch*** im Wasser 47

Der Traum vom König oder der Königin: der ***Frosch*** 49
Der geliebte Gänsedieb: der ***Fuchs*** 51
Wer weiß, was er zu Weihnachten ißt? Die ***Gans*** 53
Mit Abscheu dem Abscheu begegnen: der ***Geier*** 54
Die süßesten Früchte fressen nur die großen Tiere: die ***Giraffe*** 56
Zwischen Diesseits und Jenseits: der ***Greif*** 58
Kikeriki, und die Dämonen verschwinden: der ***Hahn***/die ***Henne*** 59
»Meister Lampe« ist ein wahrer Meister: der ***Hase*** 61
Das Tier mit einer natürlichen Krone: der ***Hirsch*** 62
Das Beispiel von Treue: der ***Hund*** 64
Und wenn ihr ein Held einen Kopf abschlägt: die ***Hydra*** 68
Auf langen Stelzbeinen bringt er die Zeit: der ***Ibis*** 70
Die Stacheln der Sonne: der ***Igel*** 72
Ein Wüstenbus trägt Lasten: das ***Kamel*** 74
Beliebt trotz ihrer Eigenwilligkeit: die ***Katze*** 75
Winzig und fein: der ***Kolibri*** 78
Einer der größten Vögel: der ***Kranich*** 80
Ein edles Tier: der ***Krebs*** 82
Der Drache am Ufer: das ***Krokodil*** 84
»Das Nest gehört mir«: der ***Kuckuck*** 86
Das Tier, nach dem die Milchstraße benannt wurde: die ***Kuh*** 88
Zum steten Opfer bereit: das ***Lamm*** 89
Immer mit der Masse: der ***Lemming*** 91
Ein König, der kein König ist: der ***Löwe*** 92
Das Glückssymbol: der ***Marienkäfer*** 95
Ein Waldmensch als Symbol des Wohlstands: der ***Orang-Utan*** 96

Keiner balzt so schön wie er: der ***Pfau*** 98
Vom Urwild zum Dichtersymbol: das ***Pferd*** 99
Hoch im Norden, immer im Frack: der ***Pinguin*** 102
Der Unglücks-***Rabe*** 103
Das Tier, das Buddha an den Himmel setzte:
die ***Ratte*** 105
Scheu, aber munter: das ***Reh*** 107
Was hat er mit dem Feuer zu tun? der ***Salamander*** 109
Immer langsam voran: die ***Schildkröte*** 111
Das verfluchte Tier: die ***Schlange*** 113
Der wunderschöne Schädling: der ***Schmetterling*** 116
Ohne Heim geht sie nicht auf Wanderschaft: ....
die ***Schnecke*** 118
Die zwitschernde Schönheit: die ***Schwalbe*** 120
Der Winterschlaf, der Eindruck macht: der ***Schwan*** ... 122
Das grunzende Glück: das ***Schwein*** 124
Er schob die Sonne durch die Nacht: der ***Skarabäus*** .. 126
Der Stachel ist sein Merkmal: der ***Skorpion*** 128
Keß, munter und bescheiden: der ***Sperling*** 129
Hoch oben – fast unerreichbar: der ***Steinbock*** 131
Hoffentlich nistet er auf meinem Haus: der ***Storch*** .. 133
Symbol für Gutmütigkeit: die ***Taube*** 135
Die Raubkatze mit Tarnung: der ***Tiger*** 137
Ein Fisch, der keiner ist: der ***Tintenfisch*** (Oktopus) 139
Die Größten können friedfertig sein: der ***Wal*** 141
Der Graue lebt in Frau und Mann: der ***Wolf*** 143
Die Kuh des kleinen Mannes: die ***Ziege*** 145

Chancen und Gefahren bei der Begrenzung
der Tierauswahl 149

Kombinationen von Tier-Archetypen 153

Der Adler und die Schlange 157
Der Affe und die Biene 159
Der Delphin und der Kolibri 160
Der Elefant und der Schmetterling 161
Die Eule, die den Schwan in sich fühlt 163
Fuchs, du hast die Gans gestohlen 166
Die Ratte setzt sich gerne auf ein Pferd 168
Der Spatz, der auf der Schildkröte tanzt 170

Wer paßt zu wem? 173

Schlußbetrachtung 179

Literaturhinweise 181

Wozu dieses Buch?

Eine weise und weitgereiste Ärztin sagte im Rahmen einer lebhaften Diskussionsrunde zum Thema »Archetypen«:

»Die indianischen Schamanen sind fest davon überzeugt, daß in jedem Menschen die Charakteristik eines Tieres vorherrscht.« Dabei schaute sie den Autor dieses Buches an und meinte: »In Ihnen zum Beispiel lebt archetypisch gesehen der Esel!« Das Lachen im Diskussionskreis unterbrach sie, indem sie fortfuhr: »Das heißt ja nicht, daß Sie ein Esel sind, aber Sie tragen nun einmal viele Lasten für andere, sind geduldig und immer bereit zu arbeiten, aber Sie können auch ganz schön bockig sein, und dann schlagen Sie aus und versuchen Ihre Last abzuwerfen, wenn es Ihnen zuviel wird.«

Das verschlug dem Autor wie dem ganzen Kreis etwas den Atem, und der Same für eine neue esoterische Ausrichtung war gelegt und sollte langsam aufgehen. Ab nun wurden bewußt Beobachtungen und Beurteilungen von Menschen gesammelt, gebündelt und ausgewertet.

Es begann eine Art Gesellschaftsspiel, aber immer mehr entwickelte sich daraus eine Möglichkeit der ernsthaften Lebensbetrachtung und Lebenshilfe. Dem Autor gefiel schließlich der Vergleich mit dem Lasttier nicht schlecht, und manche Reaktionen in seinem Leben erkannte er nun klarer und logischer.

Noch wurde gar nicht untersucht, woher dieser archetypische Ansatz kommen oder wieso ein Mensch mit einem, »seinem« Tier verbunden sein könnte. Die Tatsache, daß ein bestimmtes Tier symbolisch seine Spuren in einem Menschen hinterlassen hat, reichte. Schnell wurde auch klar, daß es weder um das Lieblingstier geht noch um gewisse Wunschvorstellungen in der Art: »Wenn ich ein Vöglein wär ...!«

Der Zufall – gibt es ihn überhaupt? – wollte es nun, daß der Autor auf der Straße einen winzigen Plastikesel fand. Er hob ihn auf und klebte ihn auf seine Schreibmaschine. Und siehe da: Manche Mühsal des Schreibens ließ nun ein ganz klein wenig nach. Oder war das Einbildung? Egal.

Ein neues und aufregendes Abenteuer war gefunden, das den Autor nicht mehr losließ. Es war nicht so, daß er in einer Gesellschaft nur noch Tiere um sich herum sah, aber gewisse Assoziationen stellten sich doch immer häufiger ein, bis sich ein Seminarthema entwickelte, das viele Interessierte anlockte, die erkannten, daß sich über diesen Weg manche Verhaltensweisen und Charaktereigenschaften viel besser erklären ließen.

Aus den ersten Ansätzen wuchs ein System von symbolischen Betrachtungen der Tiere, um Menschen den Zugang zu dieser neuen Sicht zu erleichtern.

Die Tiere fanden sich einst auf der Erde viel besser zurecht als die Menschen. So eiferten die Menschen den Tieren nach, denn diese wurden geschätzt, bewundert, verehrt. Sie konnten so vieles, was die Menschen nicht konnten. Tiere vermochten zu fliegen, sie lebten im Wasser, sie fanden leichter ihre Behausung. Sie waren stärker, und sie konnten ihre Nahrung besser absichern als die Menschen.

Kein Wunder also, daß die ersten Götter, die der Mensch anbetete, Tierköpfe trugen, ja selbst Tiere waren. Die Mysterien und Sagen sprechen von einer großen Zahl von Tieren, die Göttliches symbolisierten. Es gab Löwengötter, göttliche Paviane, Hunde- und Krokodilsgötter, Falken- und Nilpferdgötter. Die Kuh wurde zur Gottheit, und noch heute sind in manchen Gegenden die weißen oder farbigen Kühe heilig.

Stiere wurden angebetet – und sogar Mistkäfer, Schlangen wie Widder. Skorpione und Panther wurden zu Göttern erhoben, und der ibisköpfige Thot (auch Thoth geschrieben) wurde gar zu einer führenden Gottheit.

Endlos könnten wir diese Beispiele weiterführen, weil es kaum ein Tier gibt, das nicht angebetet wurde. Selbst die Ratten oder die Hasen wurden verehrt. Aber was Tiere konnten, wollte der Mensch auch können, und ganz langsam, Schritt für Schritt, lernte er vieles von dem, was sie vermochten. Er fing an sie zu zähmen, zu halten und schließlich zu nutzen. Aus dem Wolf züchtete er seinen treuesten Diener und Domestiken: den Hund.

Noch heute dient das Bild der Tiere als Vermittler menschlicher Eigenschaften, wenn wir an die vielen Balladen, Legenden oder Fabeln denken, in denen zwar Tiere die Hauptrollen spielen, aber der Mensch gemeint war.

Urteile über Menschen werden oft in Tiervergleichen ausgedrückt. Der eine ist schlau wie eine Schlange oder listig wie der Fuchs; eine Sportlerin schwimmt wie ein Fisch im Wasser; ein anderer ist stark wie ein Bär oder grausam wie ein Wolf. Stolz wie ein Löwe und scheu wie ein Reh sind weitere Vergleiche. Oft heißt es noch drastischer: »Er ist ein Schwein, ein Nilpferd.« Und seltsam, jeder Mensch weiß sofort, welche Eigenschaft mit solchen Vergleichen gemeint ist. Wenn gesagt wird, daß jemand wie ein Eichhörnchen vorsorgt oder wie eine Wespe sticht, stellen sich klare Assoziationen ein. Manche Menschen schleichen wie Panther und sind lautlos wie die Katzen, andere sind schnell wie ein Vogel oder wie eine Gazelle. Wenn einer mit dem Schimpfwort Geier belegt wird, ist dies gleichzeitig eine Warnung, ihm gegenüber wachsam wie ein Hund zu sein.

Das Verhältnis von Mensch und Tier war immer sehr eng und fast vertraut, wobei es überhaupt nicht darum geht, daß der Mensch vom Affen abstammen soll. Gemeint ist eine seelische Symbolik, die in den Menschen lebt; ein Sinnbild für den individuellen Charakter, der durch ein Tier treffend ausgedrückt wird und eine Beziehung zu unseren Eigenschaften verrät.

Indianerhäuptlinge legten sich gerne einen Tiernamen zu: Häuptling Schnelles Pferd, Wilder Stier oder Starker Büffel, Blauer Adler und so weiter. Diese Namen sollen Respekt einflößen, drücken aber auch hervorstechende Merkmale aus. Häuptling Schnelles Pferd etwa war bekannt dafür, daß er alle Feinde, die die Flucht ergriffen, einholte und bestrafte. Häuptling Wilder Stier war ein eher gemütlicher Indianer, der aber nicht gereizt werden sollte, denn dann verwandelte er sich in einen wilden Stier. »Blauer Adler« besagt, daß dieser Häuptling mit dem Himmel verwandt ist, dazu noch die Führungskraft eines Adlers hat, der den Göttern am nächsten kommt.

Unzählig scheinen die Sagen um den Wolf zu sein, der für

viele Menschen einen oft verhängnisvollen Reiz ausübt. Neben den Werwölfen gibt es noch die Mär von dem Biß eines Wolfes, durch den der Gebissene nun selbst wölfische Kräfte und Eigenschaften entwickelt und zum Feind aller menschlicher Werte werden kann. Und das Wort »Leitwolf« wiederum setzt stets besondere Maßstäbe. Andererseits werden viele Leute mit Schafen verglichen, wenn man zum Ausdruck bringen will, daß sie mit einer geduldigen, aber dummen Naivität gesegnet sind.

Heute beherrscht der Mensch nahezu alle Tiere, aber er wird auch vom Tierischen in sich beherrscht. Nur wissen dies die meisten von uns nicht.

Sicher leben – im symbolischen Sinn – mehrere Tierarten in uns, aber uns geht es hier um das Tier, welches charakterlich am markantesten in Erscheinung tritt. Dies ist oft gar nicht so leicht herauszufinden, oft bedarf es mehrerer Gespräche, um sein archetypisches Tier zu finden und anzunehmen.

Eines sei aber gleich gesagt: *Es geht nie um das Lieblingstier!* Das Lieblingstier sagt vielleicht etwas über den Wunsch aus, wie man gerne sein würde. Aber es symbolisiert so gut wie nie das Tier, das für den Charakter eines Menschen entscheidend ist. Allerdings kann das den Charakter bestimmende Tier später zum Lieblingstier werden.

Es geht also nicht darum, welches Tier man sein möchte, wenn eine gute Fee die Möglichkeit gäbe, sich in dieses Wesen zu verwandeln, sondern um das typisch charakteristische Wesen in sich.

Der Autor hat – wie vorne beschrieben – eine ganz andere Einstellung zum Esel bekommen. Er hat dieses Tier in sich angenommen und sieht es jetzt mit ganz anderen Augen, ja der Esel wurde zum Tier seiner besonderen Sympathie.

Einer Dame Mitte Vierzig – wir kommen auf dieses Beispiel noch zurück – wurde in einem Seminar über dieses Thema klar, daß in ihr symbolisch ein Krokodil lebt. Sie mochte dieses Tier überhaupt nicht, aber zum nächsten Seminar trug sie als Schmuck eine Krokodilsbrosche. Damit wollte sie zeigen, daß sie das Krokodil für sich als archetypisches Erbe angenommen hat. Sie führte aus, daß ein wesentlicher Charakterzug in ihr wäre, scheinbar schläfrig auf das anvisierte Opfer zu lauern. Dann aber greife sie fast unbarmherzig zu und verschlinge förmlich ihr Opfer, womit sie auch ihre Freunde und Lebenspartner meinte. Sie wolle niemanden zerstören, aber wenn sie den Wunsch habe, etwas zu besitzen, dann greife sie zu, egal ob dies der Umwelt passe oder nicht. Aber sie sehe sich gleichzeitig als Schutzpatron, denn ihr Wesen sei auch auf Beistand und Bewahrung ausgerichtet. Ein Widerspruch? Nein! Diese Charakterisierung trifft fast haargenau auf einen Aspekt der ägyptischen Krokodilgöttin Thoeris zu.

Thoeris war auch eine Fruchtbarkeitsgöttin, die vor allem bei Geburten Hilfe leistete. Das bejahte die Dame spontan. Sie wolle gar nicht im Vordergrund stehen, sondern die Menschen, denen sie zugetan ist, stets fördern und vor allem Üblen bewahren. Dazu brauche man die Geduld und die Waffen eines Krokodils, eines Tieres, das sie vorher eher verabscheute. Und durch diese Wandlung fand sie zu sich selbst, sie verstand sogar langsam, warum die Umgebung sie mehr ablehnte als mochte, denn das archetypische Tier in einem wird von der Umwelt zwar nicht logisch erkannt, aber doch in irgendeiner Form erahnt. Das archetypische

Tier besitzt Anziehungskraft, kann aber auch auf Ablehnung oder Skepsis stoßen.

Jeder von uns, der sein archetypisches Tier erkennt und in sein Leben einordnet, kann daher auch besser beurteilen, wie er auf seine Umgebung wirkt. Er kann sich darauf einstellen, die positiven Seiten hervorheben und die vielleicht negativeren Seiten mildern. Das Erkennen seiner Wurzelkraft – denn dazu gehört das archetypische Tier – löst oft ein wahres Aha-Erlebnis aus: Schlagartig kann vieles auf einmal klarer und deutlicher gesehen werden.

Wie wichtig Tiere in der menschlichen Geschichte bis heute sind, zeigt, daß der Mensch sie einst zu Totemtieren seines Stammes gemacht hat. Die Indianer und andere Völker haben sich stets mit dem Namen eines Tieres geschmückt, und auch heute noch finden wir in den meisten Wappen Tiere, die die Familien, Länder und Städte repräsentieren.

Tiere werden sowohl zum Lob eines anderen gebraucht als auch als Schimpfwörter mißbraucht. Sie erscheinen auch im Traum als Symbole, wenn der Mensch viel über ein Tier, eine Tierrasse oder Tiergattung wissen möchte, möchte er eigentlich etwas über sich selbst erfahren. Auf diesem Erkenntnisweg mag dieses Buch dem Suchenden mit Ernst und Humor helfen.

Dieses Buch ist allein aus der Praxis geschrieben, theoretische Überlegungen – gleich welcher Art – sind nicht entwickelt worden. Alle den Tieren zugeordnete Eigenschaften haben symbolischen Charakter, den man ihnen im Volksmund, in Legenden oder Mythen zuschreibt. Die biologischen Eigenschaften spielen kaum, und wenn doch, nur bedingt eine Rolle. Es gibt auch keine »guten« oder »bösen« Tiere, überlieferte Vorurteile werden hier nicht beachtet.

Kaum jemand kann sich vorstellen, daß in ihm oder in ihr ein Geier lebt. Aber die Geier – als Aasfresser verschrien – haben in der Natur eine höchst wichtige Funktion auszuüben, wozu auch die Beseitigung faulender Reste gehört. Viele Tiere werden als Bestien angesehen, weil der Mensch seine dunkelsten, ja bösen Phantasien auf gewisse Tiere projiziert, zu denen als furcht- und ekelerregend etwa das Krokodil und die Spinnen gehören.

Solche Vorurteile sollten bei der Suche nach den verschiedenen tierischen Archetypen keine Rolle spielen. Allerdings zeigen sie auch an, wie wir seit Urzeiten über Generationen hinweg die Tiere vermenschlicht haben.

Natürlich sollte alles nicht allzu ernst genommen werden, auch wenn manche Erkenntnisse zu tage treten können. Aber rund um das archetypische Tier kann es auch spielerisch und heiter zugehen, wie bei einem etwas tiefer schürfenden Gesellschaftsspiel.

Gelegentlich verlangt die Beschäftigung mit diesem Thema eine humorvolle Selbstkritik, die jede aufkommende Empfindlichkeit im Keime erstickt. Übrigens hat sich erwiesen, daß man seinen tierischen Archetypus sehr schwer alleine findet, weil man sich selbst unter ganz anderen Voraussetzungen betrachtet, als es Freunde, Nachbarn oder Seminarteilnehmer tun.

Die unendliche Zahl der Tiere bedingt natürlich eine Beschränkung. Im Buch werden knapp siebzig Tiere berücksichtigt. Aber es soll ja auch kein Lexikon sein, sondern aus der Praxis heraus zeigen, wie man zu einem recht guten Ergebnis kommt. Bei manchen Menschen ist dies sehr einfach.

Ihr archetypischer Tiertypus liegt für jedermann offen da. Bei anderen dagegen ist er eher verborgen, zumal es viele Menschen gibt, die ihren Typus nicht gerne offenbaren, sondern ihren tiefen Kern lieber verschleiern wollen. Wir werden dafür viele Beispiele geben, wenn auch nicht für alle aufgeführten Tiere. Manche Eigenheiten und Merkmale können kurz gefaßt werden, manche wiederum benötigen eine längere Beschreibung.

Das Allerwichtigste jedoch ist, zuvor die Vorurteile abzubauen! Tiernamen werden leider besonders gerne als Schimpfwörter gebraucht. Dann heißt es: »Das ist eine dumme Gans!« oder »Dieser blöde alte Ochse!« Diese Ausdrücke haben nichts mit unserer Suche nach dem archetypischen Tier zu tun!

Genauso verkehrt wäre es aber auch zu meinen, daß unser Lieblingstier in uns lebt! Viele Menschen mögen etwa Katzen über alles, ohne daß in ihnen auch nur die Spur von den Eigenheiten einer Katze zu finden wäre.
Dann gibt es noch die Wunschvorstellungen. In Seminaren tauchte oft die Frage auf: »Wenn du ein Tier wärst, welches würdest du gerne sein?« Es stellte sich heraus, daß dieses Wunschtier durchaus nicht unserem Archetypus entsprechen muß. Mancher möchte ein Kolibri sein, und in ihm lebt archetypisch doch ein Uhu. Wunschtiere symbolisieren meist Sehnsüchte, die uns aus einer als trist empfundenen Welt herausführen sollen. Bei der Suche nach dem Tier-Archetypus sind solche Erfahrungen sehr wichtig.

Die größte Hilfe bei dieser Arbeit bietet ein einfühlsames psychologisches Interesse, ohne daß man jedoch Psychologie studiert haben muß. Die Wege, die zum Ziel führen, sind vielfältig und individuell. Allgemeine Regeln gibt es nicht, aber die interessierten Leser finden in diesem Buch genügend praktische Hinweise.

Etwas schwerer wird es, wenn mehrere Tiere in die engere Wahl gezogen werden. Es ist nämlich nicht gesagt, daß nur ein Tiertypus in uns lebt, obwohl meistens die Prägung eines Tieres vorherrscht. Um dieses Tier soll es uns gehen.

Ein Tier wird sicher vorherrschen und den Archetypus bestimmen. Dabei spielen selbstverständlich Sympathie und Antipathie eine wichtige Rolle, und die Betroffenen können sich oft nicht klar entscheiden. Einsicht und Humor und die Beurteilung durch andere können hier hilfreich sein.

Die Beschäftigung mit dem eigenen Tier-Archetypus kann ein Schlüssel für Türen sein, die in das eigene Innere führen. Versuche lohnen sich immer! Ist erst der Same gesät, geht eines Tages die Saat auf und zeigt uns neue Perspektiven.

Die individuelle Suche nach dem Archetypus

Im Rahmen des Seminares, dem die im folgenden geschilderten Beispiele entnommen sind, wurde natürlich zu Anfang die Frage gestellt: Wie soll der Archetypus gesucht werden, wenn wir keine Anregungen bekommen, wenn die mythischen Hintergründe nicht bekannt sind?

Erster Punkt: Man nehme Papier und Bleistift. Das klingt zwar sehr nach Schulunterricht, aber anders wird es nicht gehen.

Zweiter Punkt: Selbstkritisches Denken.

Dritter Punkt: Aufschreiben, welche Eigenschaften oder Veranlagungen in einem leben, und überlegen, zu welchem

Tier sie passen könnten, wobei es selbstverständlich um typische Eigenschaften gehen sollte. Also um unbedingte Treue auch nach Mißhandlungen, um die Bereitschaft, demütig zu arbeiten, um Rachsucht, um Stolz, um innere Wandlungsbereitschaft und so weiter.

Zusätzlich empfiehlt es sich, in einem Fachlexikon etwas über das biologische Verhalten seines Archetypus-Tieres zu erfahren. Nicht jeder, der spontan sagt: »In mir lebt ein Affe«, weiß um die verschiedenen, oft zwiespältig erscheinenden Eigenschaften dieses Tieres.

»Aber es gibt doch auch Verhaltensweisen wie Fröhlichkeit oder Ernsthaftigkeit«, wurde eingeworfen. Darauf der Seminarleiter: »Ich bin sicher, jeder kann zwischen sogenannten ernsten und sogenannten fröhlichen Tieren unterscheiden. Viele Vögel, die vor sich hin zwitschern oder jubilierend singen, sind doch ohne weiteres als fröhlich zu bezeichnen. Andere Vögel, wie Kauz, Uhu oder Eule, würde man doch eher als vom Ernst geprägte Tiere ansehen. Ihre krächzenden oder klagenden Laute unterstreichen dies. Ein Erdmännchen macht einen eher unbeschwerten und niedlichen Eindruck, während man sich einen lachenden Tiger kaum vorstellen kann. Ein Kojote scheint von einer gewissen Raublust geprägt zu sein. Ein Faultier von Ruhe, von Trägheit. Die Ameise kennt keine Ruhe, aber die Disziplin sitzt in diesen Tieren sehr tief, während die Amsel ihre ursprüngliche Scheu als Waldvogel verloren hat und nun in Parks und Gärten die Menschen mit ihrem etwas schwermütigen Gesang erfreut. Der Ara-Papagei fällt durch seine bunten Farben, aber auch durch schrille Töne auf. Man kennt viele Menschen, deren Äußeres uns anzieht, aber wenn sie zu reden anfangen … Beim sich windenden Aal müssen wir bedenken, daß er zur Gruppe der Wanderfische gehört, die aber eines Tages zurückkehren. Hier ist also das Heimweh mit dem Fernweh gepaart. Man könnte sich vorstellen, daß viele Seeleute oder Aussteiger diesen Archetypus in sich spüren.«

Immer lebhafter wurde die Phantasie der Seminarteilnehmer angeregt, und bald schwirrte es durcheinander, so daß man achtgeben mußte, um keine guten Anregungen zu verlieren. »Ich bin ein Gepard«, sagte jemand. »Warum?« »Typisch für mich ist, daß ich zunächst zurückbleibe, dann aber im Spurt immer noch mit als Erster ins Ziel komme. Dabei habe ich meine Beute schon lange im Visier, lauere auf den Moment, da ich losspurte. Wenn ich das in einem Film über Geparden sehe, spüre ich sofort: So bin ich auch!«

Das beliebte Haustier Goldhamster kam ins Gespräch. Ein Tier, das in der Freiheit kaum lebensfähig ist. Natürlich kennen wir dies auch bei Menschen, die immer hilflos scheinen und es auch meist sind. Und die Ruhe des menschenähnlichsten Tieres wurde in die Debatte eingeführt, als die Sprache auf den Gorilla kam. Trotz ihrer imposanten Größe zieht die Friedfertigkeit dieser Tiere sowie ihre gemächliche Genußfreudigkeit manche Menschen an. Immerhin frißt der Gorilla nach dem Aufwachen zwei bis drei Stunden lang – und nur vegetarisch! Auch in diesem Seminar fanden manche beim Frühstück kein Ende ...

Zum Ende wurde noch der Koala-«Bär« genannt, obwohl diese Tiere mit den Bären nichts gemein haben. Dieser Archetyp geht vielleicht all diejenigen etwas an, die gerne Kinder haben wollen, deren unbewußt größter Wunsch es jedoch ist, daß diese Kinder nie erwachsen werden. (Jeder kennt Mütter, die bei jedem Geburtstag ihres Kindes leiden, wenngleich sie dies nach außen natürlich nicht zugeben.) Koalas sind Beuteltiere und wachsen im Beutel der Mutter heran. Wenn sie größer geworden sind, verlassen sie ihn zwar, bleiben aber sehr eng mit der Mutter verbunden.

So ähnlich verhält es sich auch bei den Känguruhs. Dieser Archetypus kann bei den Menschen eine besondere Bedeutung haben, die sich nicht von der Mutter lösen können. Es gibt dafür den Ausdruck »Muttersöhnchen«. Sie halten erst Brautschau, wenn die Mutter den endgültigen Abschied genommen hat.

Die Tier-Archetypen

Der Adler greift ein

Am Morgen der Hauptprobe traf sich im Theater ein sehr harmonisches Ensemble. Sechs Probenwochen lagen hinter den Schauspielern, und in dieser Zeit hatte es keinen ernsthaften Streit gegeben.

Vor Beginn der Hauptprobe, da doch alle etwas aufgeregt waren, äußerte der Spielleiter: »Wir haben gegeben, was wir konnten. Wie die Premiere wird, weiß niemand, bei der Premiere ist es immer so, als ginge ein Engel durch den Raum.«

Aber kein Engel kam geflogen, sondern ein Adler! Der Intendant war vorzeitig aus dem Urlaub zurückgekommen, gerade richtig zum Beginn der Probe. Er war gefürchtet, denn man sagte ihm nach, daß er ein unbestechliches Auge wie ein Adler habe, daß er alle falschen Töne höre und jeden unrichtigen Gang erkenne.

Beliebt war der Intendant nicht, aber hoch geachtet. Er hatte in der Theaterwelt einen Namen, er handelte autoritär und souverän. Er war zwar nicht der König der Lüfte, aber in seinem Haus der König der Bretter, die die Welt bedeuten. Alle verehrten ihn, aber alle näherten sich ihm mit einer gewissen Vorsicht, um nicht sein Opfer zu werden.

Schon in alten Zeiten galt der Adler als Symbol der höchsten Werte. In der Bibel wird er dem Evangelisten Johannes zugeordnet, bei den Griechen war er der Schutzgeist des Zeus. Dieser Gott ließ zwei Adler aufsteigen, um den Ost- und den Westhorizont zu markieren. Ein Adler saß auf der Spitze des Weltenbaums (der Esche Yggdrasil) und war dort ein Bürge für die Ordnung. Und die brachte der Intendant seiner Überzeugung nach in die Hauptprobe ein, indem er alles durcheinanderwirbelte: Er stellte um, strich Texte, schrieb neue Übergänge. Das Ensemble war verzweifelt. Aber der Kraft des Adlers im Intendanten widersetzte sich niemand.

Für einen Adler gilt es immer, das Höchste anzustreben. Dafür nahm der Mann Überstunden und Nachtproben in Kauf. Seiner Kontrolle konnte sich niemand entziehen, und ein Ensemblemitglied meinte sogar: »Wie gut, daß unser Adler vier Tage eher zurückkam als angenommen.«

Der Erfolg gab dem Intendanten recht, er war nur leicht verwundert, als ihm das Ensemble zur Premiere ein kleines Geschenk präsentierte: einen kleinen, vergoldeten Adler mit dem eingravierten Spruch »Behüte uns weiter gut, lieber Doppeladler«. Auf den Begriff »Doppeladler« war man gekommen, weil der Intendant durchaus die Kraft hatte, zwei Stücke nebeneinander zu proben. Dieser verstand die Anspielung auf seinen Tier-Archetypus sofort, er meinte aber: »Es ist doch gut, daß es in einem Theaterensemble auch Einzelkämpfer gibt!«

Der Adler galt immer als Symbol des mutigen Individualisten, und der »goldene« Adler war im indoeuropäischen Raum stets ein Symbol für eine kosmische Ordnungsmacht. Der Adler ist der König der Lüfte, so wie der Löwe als der

König der Wüste und damit als König aller Tiere gilt. Bestimmt ist es kein Zufall, daß der Adler in unzähligen Staatswappen zu finden ist.

Was habe ich mit einem Affen gemein?

Die erste Runde der Ferienseminare über Archetypen war abgeschlossen. Die Suche nach dem Tier-Archetypus war das Gesprächsthema der Woche. Alles konzentrierte sich nun auf Ingrid, von der fast alle meinten, daß ihr Tiertypus der Affe wäre.

Ingrid wehrte sich heftig: »Was habe ich mit einem Affen zu tun?« Sie erzählte noch, daß ihr Vater seiner Frau – beide waren leidenschaftliche Zoobesucher – verboten hatte, während der Schwangerschaft an einem Affenkäfig vorbeizugehen. Aber dann lernte Ingrid 28 Jahre später ihren Lebensgefährten kennen, der sie liebevoll Äffchen nannte. Auch gegen dieses Kosewort machte Ingrid Front. Die Teilnehmer waren neugierig. »Warum nannte er Sie Äffchen?« – »Weil ich gerne Spaß mache, viele Leute und Situationen nachahme, und dabei sehr lustig scheine. Aber« – sie betonte dies sehr – »ich find's affig.«

Schließlich kam bei der Deutung des ägyptischen Tarot auch die Affenverehrung der Ägypter zur Sprache. Affen galten als Götter, die dafür verantwortlich waren, daß jeden Tag die Sonne aufging. Kurz vor Sonnenaufgang begannen diese Tiere nämlich die Sonne herbeizubrüllen. Und die Sonne kam. Auch in China genossen die Affen ein hohes Ansehen. Aber Ingrid wehrte sich vehement, es störte sie auch, daß der Mensch biologisch vom Affen abstammen sollte.

Dann aber bereitete sich langsam die Wende vor. Der Seminarleiter berichtete von einer Legende, nach der die Affen die Sprache der Menschen verstehen würden. Und ihr meist trauriger Blick sei darauf zurückzuführen, daß diese Tiere die Menschen durchschauten und damit vom Niederen und Schlechten im Menschen wüßten. Plötzlich war es ganz still im Raum, leise hörte man Ingrid sprechen: »Ja, ich sehe immer das Schlechte.«

Dann ein Seminarteilnehmer: »Das Nachäffen ist es ja gar nicht allein, was der Affe kann, dahinter steckt eine tolle Anpassungskraft und letztlich vielleicht viel Humor.« Langsam veränderte sich das Verhalten von Ingrid, sie schien auch ein neues Gesicht zu bekommen, als sie meinte: »Der Affe wurde doch einst als Teufel angesehen?«

In der folgenden Diskussion wurde festgehalten, daß viel zuviel im Laufe der Zeit »verteufelt« wurde, aber daß der Mensch doch im Affen manche symbolische Kraft sehen sollte, die alle Vorurteile Lügen strafe. Den Menschen erkennen und doch den Humor nicht verlieren, das ist es, was der Affe archetypisch symbolisiert.

Ingrid versprach, darüber nachzudenken. Am nächsten Morgen sagte sie: »Mir ist jetzt erst klargeworden, daß der Affe wegen seiner vielen Fähigkeiten stets bewundert wurde. Es schient, als hätte der Himmel die Affen besonders lieb. Sie sind originell und dem Menschen wohl von allen Tieren am nächsten. Nicht umsonst heißt es, der Mensch stammt vom Affen ab. Gibt es eine höhere Bewertung?«

Der Bär und Leckerle-Paul

Paul war sehr stolz darauf, als alle Anwesenden des Seminars einstimmig der Meinung waren, daß in ihm aller Wahrscheinlichkeit nach der Bär als Grundtypus lebte.

Das Ausschlaggebende war nicht, daß Paul, den man auch den Leckerle-Paul oder nur den Leckerle nannte, so gerne süße Näschereien zu sich nahm, was man ja auch dem Bären zuschrieb (zum Geburtstag bekam Paul immer seinen Bärenfanglikör und andere Spezialitäten der Honigküche). Nein, der Bär war stets ein Symbol für innere Stärke. Die äußere Stärke war hier gar nicht so entscheidend, außer daß Paul auch ein wenig tolpatschig erschien. Aber in ihm lebte – für einen Mann etwas ungewöhnlich – eine starke Mütterlichkeit. Er wußte alle Seminarteilnehmer zu betreuen und sorgte, wie konnte es anders sein, auch zum Abschlußfest für den Kuchen.

Der Bär galt schon in der Steinzeit als Symbol für Beschützerkraft, als vom »Bernsteinbären« die Rede war. Es fiel den Menschen auf, wie liebevoll der weibliche, aber auch der männliche Bär sich um die Jungen kümmerten. Das wurde immer dann besonders deutlich, wenn man die kleinen Bären angriff.

Auch Paul behütete die Schwachen, die, die immer zu kurz kamen. Und so unscheinbar er eigentlich aussah: Fühlte Paul irgendeine Ungerechtigkeit, dann entwickelte er eine starke Durchsetzungskraft.

Die Menschen früherer Zeiten wollten die schützende Kraft des Bären besitzen, so nannten sie sich »Bärenhäuter« und hängten sich das Bärenfell als Schutz über ihren Körper. Aber sie teilten diesen Schutz auch mit ihren Familienmitgliedern. Ein Mensch allein konnte mit einem Bären nie fertig werden, es war immer eine ganze Gruppe. So erzog der Bär die Menschen zu einer sozialen Einstellung. Dies war in einer Gemeinschaft auch notwendig, etwa bei der Zuteilung der Beute, und demjenigen, der den größten Anteil am Sieg über den Bären hatte, stand das Fell des Bären zu, das weitergegeben wurde, wenn der Anführer schon ein Fell hatte.

Es gibt einen alten Spruch, der lautet: »Wo Stärke not tat, da pflegte die Seele in Gestalt eines Bären zu nahen.« Vielleicht ein Grund, warum Kinder den Teddy so lieben. Paul war also stolz, in sich die Kraft eines Bären zu spüren, aber er mußte auch anerkennen, daß der Bär ein Raubtier ist, das unbedingt Anspruch auf seine Beute stellt. Der Bär ist und war nie ein Kostverächter. Seine sprichwörtliche Gutmütigkeit gilt nur, solange er satt ist und keine Beute erspürt. Auch das dicke Fell kann täuschen, obwohl viele Tierforscher den Bären sogar den sensiblen Tieren zuordnen. Einem bärenhaften Menschen wird also oft viel Vertrauen entgegengebracht, das dann enttäuscht werden kann, wenn derjenige selbst scharf auf die Beute ist, die er für andere einbringen soll. Das gab Paul zu denken.

Der Bär tritt archetypisch übrigens meist als weibliches Tier auf. Das liegt wohl auch daran, daß er sich so sehr um den Nachwuchs kümmert. So wurde er auch eine weibliche Gottheit. Es ist die »Bärin«, die als Königin der Höhlen gilt. Daher kennt die »Bärin« das Tiefe, das Dunkle, die Seele.

Das fleißige Bienchen

Mit dem Honig hat auch die Biene zu tun, die ihn dem Menschen schenkt. »Fleißig wie eine Biene« – solche Menschen gibt es heute kaum mehr. Nützlich wie eine Biene wollen dagegen noch viele sein.

Die Biene war stets hoch geachtet, weil schon unsere Urvorfahren den Honig und damit seine Hersteller schätzten. Natürlich stand so ein nützliches Tier immer unter dem Schutz einer Gottheit. Im alten Griechenland galt dieses emsige Insekt als Tier der Demeter, die dem Menschen die Getreidesaat schenkte. Später wurde die Biene zum Tier der Artemis, ja sogar zur Begleiterin der Jungfrau Maria.

In unzähligen Wappen lebt die Biene als Symbol. Sie soll, so heißt es, niemandem schaden, sondern nur nutzen. Doch Vorsicht! Ihr Stachel in schmerzhaft, und in einen aufgestörten oder angegriffenen Schwarm zu geraten, kann böse Folgen haben.

Noch eine Gefahr sei genannt: Aus dem Honig können berauschende Getränke gebraut werden, die schon vielen Göttern mundeten, aber auch manchem mythischen Helden zum Verhängnis wurden. Der Rausch macht wehrlos und müde, kann somit im Kampf zum Tode führen, so daß gerade bei der fleißigen Biene der Warnspruch stehen sollte: Alles Zuviel ist von Übel.

Schon in der Antike berühmt: der Delphin

Es gab eigentlich keinen Menschen, der diese kleine Frau nicht mochte. Sie war stets heiter und freundlich, nett zu alten Menschen, lieb zu Kindern und konnte sich immer anpassen. Von ihr ging eine starke innere Harmonie aus. Wenn man nach den Tieren fragte, nach denen sie sich orientieren würde, kamen Juliane in erster Linie kleine, freche, trillernde Vögel in den Sinn, die miteinander spielten. Als im Seminar das erste Mal der Name Delphin oder Großer Tümmler aufkam, war liebevolle Abwehr zu spüren.

Delphine gehören zu den Walen und damit zu den Säugetieren. Sie sind sehr zutraulich und spielen auch gerne. Freude bereitet es ihnen, artistische Kunststücke vorzuführen, wie es auch Juliane liebte, die von früh auf Schauspielerin werden wollte.

Schon in der Antike wußte man, daß diese Tiere eine enge Verbindung zu ihrer Umwelt und zu den Menschen hatten. Legenden berichten davon, daß Delphine sogar Menschen gerettet haben sollen. Das paßte zu Juliane, die eine Gabe hatte, Menschen zu helfen, ihnen Trost zuzusprechen, was besonders deutlich wurde, als sie im Krieg in einem Lazarett tätig und bei den Kranken sehr beliebt war. Nicht ohne Grund war der Delphin das Wappentier von Aphrodite und Apollo, der Liebesgöttin und dem Sonnengott.

Diese Tiere, die zwar dauernd im Wasser leben, aber doch mit der Lunge atmen, brachte man mit der Seele des Menschen in Verbindung. Diese Beziehung zu den Seelen kam zwar bei Juliane erst später, aber gerade die seelenerfüllten Menschen scharten sich um sie.

Aber obwohl sich Juliane stets hilfreich den Menschen

zugewandt hatte, war es beispielsweise im Theater so, daß die anderen Mitglieder des Ensembles sich sehr distanziert verhielten, weil alle anderen ja stets eine Konkurrenz darstellen. Auch wurden Delphine einst des öfteren als Räuber und sogar als Mörder eingestuft. Denn in der Natur fressen die Delphine Fische, sogar Tintenfische sind vor ihnen nicht sicher, aber ihre suchende Nähe zu den Menschen war nie zu übersehen. So kam es wohl, daß die Etrusker meinten, diese Tiere würden die Seelen der Verstorbenen ans andere Ufer begleiten. Esoteriker, die sich mit dem Karma befassen, glauben sogar, daß die Delphine einst Menschen waren, die nun gutmachen sollen, was sie anderen Lebewesen angetan hatten.

Es gibt viele fürsorgliche Tiere, aber die Delphine sind hier führend und wurden zu einem Symbol der Fürsorge. Sie bleiben hilfsbereit, auch wenn man sie mißbraucht oder mit zu strengen Dressuren quält. Fast möchte man meinen, hier ist etwas von einer sehr humorvollen All-Liebe zu spüren.

Und so sind sie auch zum Mittelpunkt in vielen Zoos und Freizeitparks – in den Delphinarien – geworden und werden von Kindern und Erwachsenen bejubelt. Für ihre Trainerin oder ihren Trainer tun die Tiere alles, und sie empfinden eine starke Zärtlichkeit zu denen, die sich ausdauernd um sie kümmern.

Juliane war schließlich mit ihrem Tier-Archetypus Delphin sehr zufrieden und besorgte sich sogar Literatur über diese Menschenfreunde.

Vernichtet und doch unbesiegt: der Drache

Der Drache ist zwar ausgerottet, aber als Archetypus lebt er weiter. Der Drache war ein Wächter; an ihm lag es, ob jemand eine Furt überqueren durfte oder nicht. Ausgerottet wurde er aber nicht von den Menschen, sondern viel früher im Kampf der Säugetiere gegen die Saurier, zu denen der Drache gehörte. Dieser Urkampf lebt in den Legenden von Siegfried und in den Mythen des Herakles fort. Denn diese Helden wollten mit dem Drachen das Dunkle der Welt besiegen. Es war auch ein Symbol des Kampfes der Sonne gegen den Mond, da nun die Sonne die Herrschaft übernahm, und das Patriarchat damit das Matriarchat ablöste.

Kein Wunder also, daß heute noch gerade alte Frauen oft als »Drachen« bezeichnet werden (was jedoch nur in der abendländischen Kultur gilt; in asiatischen Ländern ist der Drache ein Heldensymbol). Verständlich, daß sich im Seminar niemand mit dem Drachen identifizieren wollte. Aber der Drache – auch ein Symbol für eine unbändige, stets zerstörende Kraft – lebt heute noch. Viel Drachenhaftes ist sicher in Menschen vorhanden, die über Leichen gehen, um ihr Ziel zu erreichen. Mit den Dinosauriern starb zwar der Drache als Lebewesen, aber seine Symbolkraft wuchert ungebrochen und zerstörend weiter.

Voll wilder Kampfeslust: der Eber

Er kam zu spät zum Seminar, stellte sich kurz als Harald vor und führte in der Pause bereits das große Wort. Erschreckend, aber zugleich lustig war es, wie er über andere Seminare und ihre Referenten herzog. An niemandem ließ er ein gutes Haar, und der Seminarleiter wußte, über ihn würde er eines Tages genauso spotten. Man kam auf den Tier-Archetypus zu sprechen, und Harald konnte es nicht abwarten – er wollte, daß man ihn sofort beurteile. Obwohl bis jetzt alle über ihn gelacht hatten, rief eine Frauenstimme laut: »Es ist doch ganz klar, in Ihnen lebt ein Eber.«

Es stellte sich später heraus, daß die Frau den Neuen provozieren wollte. Da er so spät gekommen war, sollte er so bald wie möglich wieder gehen. Harald mußte die Abwehr gespürt haben. Kampfesfreudig sagte er: »Ich muß mehr über den Eber hören!«

Nun, der Eber galt in der Antike wie bei den Germanen als Symbol für wilden Mut und Kampfesfreude. Positiv ist aber zu werten, daß er nur angreift, wenn er selbst angegriffen wird. Harald bestätigte dies ... oder wollte er nur einlenken?

Historisch betrachtet, gehört der Eber zum Kriegsgott Mars, und als Kampfsymbol wurde dieses Tier auch auf vielen Wappen abgebildet. Sein Bild sollte den Feinden Angst einjagen. Hier lächelte Harald unbewußt. Allen war klar, daß er voller Provokationen war, um so seine Unsicherheit zu verbergen.

»Dann ist dieses Tier gleichzeitig ein Symbol für Komplexe?« Auch dieser Zwischenruf kam von der Frau, die den Eber vorgeschlagen hatte.

Harald ging auf diese Herausforderung sehr heftig ein: »Ich möchte ja nicht wissen, welches Tier in Ihnen lebt!« »Der Kranich«, klang es selbstbewußt zurück.

Harald murmelte nur noch etwas von »Wir werden uns noch sprechen«. Eine sehr kluge und belesene Ärztin warf dann ein: »Immerhin wurden dem Eber einst magische Kräfte zugesprochen, die vor allem in den Hauern sitzen sollten. Deswegen bekämpfte man schwere Krankheiten früher mit einem Mehl, das man aus den Hauern gewonnen hatte.«

»Das heißt«, sagte Harald, »daß man mich erst töten muß, ehe ich zu etwas nützlich bin?« »Das geht vielen so«, klang es zurück, der Kranich ließ nicht locker.

Einen Moment schien es so, als wolle Harald aufbrausen. Er schielte zur Tür, als wolle er seinen Abgang vorbereiten. Dann aber blieb er ruhig sitzen und sagte nur leise und bestimmt: »Ich bleibe – hier werde ich wenigstens gefordert.«

Anzumerken wäre noch, daß sich der Eber Harald mit dem provozierenden Kranich in eine Liebschaft einließ, die beiden gut bekommen sollte.

Flink und einnehmend: Eichhörnchen und Elster

Frau Gütlich fiel sofort auf. Sie wollte im Seminar nicht mit Vornamen gerufen werden, was von jedem respektiert wurde. Das Auffallende an ihr aber war der Schmuck. Selten gab es unter den Teilnehmern eine Frau, die mit soviel Schmuck behangen war. An den meisten Fingern konnte man zwei und auf einem Finger sogar drei Ringe bewundern. Schnell kam natürlich die Vermutung auf, daß Frau Gütlich mit Sicherheit eine Elster wäre.

Von Elstern ist bekannt, daß sie sich von allem, was glitzert, angelockt fühlen und daß sie dann den Schmuck gerne in ihrem Schnabel mitnehmen – daher die Bezeichnung »diebische Elster«. Außerdem fällt eine Elster auf, sie ist anpassungsfähig und schließt sich ohne Angst gern an Menschen an. Nun, eine diebische Elster war Frau Gütlich sicher nicht, zumal sie überhaupt keine Scheu hatte, ihren blitzenden und glänzenden Schmuck in aller Öffentlichkeit zu zeigen. Es gibt ja keine Seminare, wo nicht jeder von jedem mehr oder weniger neugierig beobachtet wird.

Frau Gütlich zum Beispiel fiel auch dadurch auf, daß sie immer beim Frühstück allein an einem Tisch zu sitzen versuchte. Damit zog sie die Aufmerksamkeit natürlich auf sich. Außerdem fiel auf, daß Frau Gütlich sehr oft zu dem reichlichen Buffet ging. Dann bemerkte man aber, daß sie auch viele Papierservietten vom Buffet nahm, und so wunderte es keinen mehr, daß ein bestrichenes und belegtes Brötchen nach dem anderen in der großen Handtasche der Frau Gütlich verschwand. Butter- und kleine Käsestücke folgten. Die Dame hortete. Hinzu kam, daß die Hotelleitung den Seminarleiter auf Frau Gütlich aufmerksam machte, weil man nach einer überstürzten Abreise vor einem Jahr in ihrem Zimmer im Nachttisch mehrere Butter- und Käsestücke, Marmeladenpackungen und trockene Brötchen gefunden hatte.

So brachte der Seminarleiter in das nächste »Tiergespräch« das Eichhörnchen ein. Dieses Tier ist ja sehr lieb, hat kaum Scheu vor Menschen, wie man in jedem Kurort sehen kann, wo die Eichhörnchen aus der Hand der Kurgäste fressen. Wenn man ihnen jedoch eine leere Hand hinstreckt, dann bekommen sie offenbar Angst, gefangen zu werden, und flitzen auf die Baumkrone. Oben fühlen sie sich geschützt und sicher, da ziehen sie auch ihre Jungen groß.

Nun wurde es ein wenig tragisch in der sonst recht heiteren Atmosphäre. Frau Gütlich fing plötzlich an zu weinen, und sie sagte unter Tränen: »Ich weiß, wen sie wegen des Eichhörnchens ansprechen. Ja, ich bin ein Eichhörnchen.«

Sie berichtete von ihrer Angst, einmal zu verhungern. Deswegen trage sie auch soviel Schmuck, um zu zeigen: »Seht, mir kann nichts geschehen, ich besitze viel!« Aber sie treibe, so lange sie denken könne, eine Vorratswirtschaft, um auf schwere Zeiten vorbereitet zu sein. Es gelinge ihr nicht, die Existenzangst loszuwerden. »Nur die Leichtigkeit der Eichhörnchen, die fehlt mir«, schloß sie traurig. Alle im Seminar hatten plötzlich Frau Gütlich gern, und beim Frühstückstisch saß sie nicht mehr allein. Nur war dieses Thema ab jetzt für alle ein Tabu.

Übrigens: In der Natur vergessen die emsig hamsternden Eichhörnchen häufig, wo sie ihre Vorräte versteckt haben – und der Referent dachte insgeheim an die Marmeladenpackungen und alten Brötchen, die man im vorigen Jahr bei Frau Gütlich gefunden hatte.

Berühmt wie kein lebendes Tier: das Einhorn

Max war wieder da. Drei Tage war er im Krankenhaus gewesen, wegen einer Nierenkolik. Als er zurückkam, sprach er von einem Wunder, das ihm begegnet wäre. Er hatte nach einer für ihn nicht sehr erfreulichen Begegnung mit einem Schweizer Arzt einen seltsamen Traum von einem Einhorn, das den Kopf des Arztes trug, und er wußte beim Aufwachen sofort, daß dieser Arzt ihn heilen würde. Mit einemmal sah er den Arzt mit anderen Augen. Er sagte sich: »In diesem Mann lebt das Einhorn.«

Das Einhorn ist – wenigstens vom esoterischen Standpunkt – wohl das Fabeltier an sich, neben dem Phönix, der aufsteigt, und dem Drachen. Das Auffallende am Einhorn ist, daß es stets wie ein Hirsch beschrieben und gemalt wurde, aber aus seinem Kopf nur ein Horn wächst. Wenn nur ein Horn mitten aus der Stirn wächst, dann stellt sich schnell die Assoziation ein, daß in diesem Horn eine geballte Kraft liegen müsse. Im Mittelalter wurde »Einhornpulver« zu Heilzwecken verkauft, da es auch magische Kräfte entfachen sollte. Aber weil es das Einhorn nicht gibt, war dies alles ein riesiger Schwindel, der jedoch die Legenden um dieses geheimnisvolle Tier noch anheizte. Da niemand das Einhorn je gesehen hatte, wurde gesagt, dieser Hirsch sei eben unheimlich schnell. Später hieß es dann, das Einhorn suche sich seine Menschen aus, es ließe sich nicht rufen. Immer tiefer verfestigte sich die Überzeugung, daß dieses Tier Wunder geschehen lassen könne – Wunder im Glauben, Wunder in der Heilung.

Unserem Max war nun im Traum das Einhorn mit dem Kopf des behandelnden Arztes erschienen, und er war sich seiner Erkenntnis, dies sei ein Omen, so sicher, daß dadurch sogar die Heilung möglich wurde.

Bringt er Glück, weil er arbeitet? Der Elefant

Es gibt viele Menschen, die Elefantenfiguren sammeln. Aus aller Welt lassen sie sich Elefanten als Talismane mitbringen, aus jedem Material und in jeder Ausführung.

Der Elefant ist das größte der heute auf dem Land lebenden Säugetiere. Auffallend ist vor allem die verlängerte Nase, der Rüssel.

Waltraud hatte eine sehr intensive Verbindung zu diesem Tier, und sie hoffte, daß dieser Archetypus in ihr lebe. Die Fragen prasselten nun von allen Seiten auf sie ein: »Bist du bereit zu arbeiten? Bist du weise? Bist du intelligent? Bist du fromm? Glaubst du, daß in dir Gottheiten wohnen?«

Immerhin – der Elefant ist ein Symbol für viele Gottheiten, aber er wird auch als Arbeitstier verwendet und damit ziemlich gequält. So tauchte die Frage auf: »Kannst du Schmerzen ertragen?«

Waltraud bejahte alles. Dann sagte sie: »Vor allem habe ich Geduld, bin ausdauernd und habe eine dicke Haut, wenn es drauf ankommt.«

Dem Elefanten sagte man stets nach, daß er Menschen, die ihm Leid angetan hätten, nach Jahren wiedererkenne, aber auch diejenigen, die gut zu ihm waren. Ein archetypischer Elefant muß also über ein phänomenales Gedächtnis verfügen. Waltraud bejahte auch das.

»Also kannst du nicht verzeihen?« Hier stutzte Waltraud dann doch ein wenig, ehe sie leise sagte: »Wenn ich ehrlich bin – so gut wie nie. Aber ich dränge nicht auf Rache, wenn ich dem Menschen wieder begegne ...« Hier unterbrach sie sich und schwieg.

Etwas Unwillen entlud sich bei ihr, als der Satz gesagt

wurde: »Waltraud, du bist manchmal wirklich auch wie ein Elefant im Porzellanladen.« Darauf ertönte aus dem Kreis der Teilnehmer: »Achtung, das vergißt sie nie!« Dann ein anderer Zuruf: »Elefanten sind Vegetarier, wie unsere geliebte Waltraud auch.« Ein erst leises, dann lautes zutrauliches Lachen löste eine gewisse Verkrampfung, die sich eingestellt hatte.

Waltraud wurde zugesprochen, daß zumindest eine starke Elefantenkraft in ihr lebe, nämlich ihre Führungskraft. Sie war die Person, die sonst Krisen ausbügelte, während sie an diesem Tag eine kleine atmosphärische Krise entzündete.

Elefantenrudel werden meist von einem alten, erfahrenen Weibchen angeführt, nur ganz alte Elefantenbullen entziehen sich oft der notwendigen Disziplin, die in einem Rudel herrschen muß.

»Haben Elefanten Feinde?«

»Außer den Menschen eigentlich nicht, und die Menschen geben heute den Elefanten in vielen Nationalparks genügend Freiräume, damit sie nicht von wilden Elfenbeinjägern gejagt werden können.«

Und so kam am Ende heraus, daß es nicht immer so leicht zu sein scheint, mit dem Archetypus eines bestimmten Tieres zu leben, zumal man einen Elefanten eigentlich für unangreifbar hält. Aber gerade solchen Führungsnaturen zahlen es die anderen immer wieder gern (und heimlich) heim.

Soziale Sicherheit geht ihnen über alles: die Erdmännchen

Sie müßten auch »Erdfrauen« heißen, aber es ist wohl das Männchen, das das Leben dieser Tiere bestimmt. Der Name kommt daher, weil diese Tiere oft »Männchen« machen, sich also auf ihre zwei Hinterbeine stellen. Ansonsten scharren und graben sie im Boden. Sie können folglich auf zwei Beinen stehen wie die Menschen, und das tun sie oft; denn da sie von Natur aus sehr klein sind, müssen sie sich auf die Hinterbeine stellen, um Feinde frühzeitig zu erkennen. Das ist besonders wichtig, wenn das Gras in den fruchtbaren Teilen der Wüste nach Regenfällen hoch gewachsen ist.

Es handelt sich um Tiere mit einem äußerst starken Sozialleben. Einzelgänger gibt es kaum, dazu ist ihr Bedürfnis nach Zärtlichkeit auch zu groß.

In Südafrika erzählt man sich, daß diese Tiere einst Menschen waren, die zu sorglos gelebt hätten und nun erfahren sollten, was es heißt, stets Angst vor Schakalen zu haben. Ihre großen Köpfe mit den riesigen, neugierigen Augen könnten darauf schließen lassen, daß das Denken einst eine wichtige Funktion bei ihnen hatte. Die Erdmännchen kommen – außer in der Nacht – kaum zur Ruhe. Aber sie tun alles gemeinsam. Sie jagen in Rudeln, beobachten ununterbrochen ihre Umgebung, und wenn sie sich sicher fühlen, dann umarmen und putzen sie sich gegenseitig und kuscheln!

Aber nach dem Kuscheln geht es wieder an die Arbeit. Dann heißt es graben, graben, graben! Ihr Bau unter der Erde besteht aus zahlreichen zirka eineinhalb Meter langen Gängen. Nur ist dies keine Anlage für die Ewigkeit, denn wenn es in ihrer Umgebung keine Nahrung mehr gibt, müssen sie weiterziehen. Erdmännchen – und das ist auch etwas ganz Besonderes – empfinden lange Trauer. Wenn sie nach einer Rudeljagd zurückkommen und bemerken, daß Feinde ihre Kleinen vernichtet haben, dann verfallen sie in eine Art von Depression, und es dauert lange, ehe sie diesen Verlust verarbeitet haben, ehe sie wieder in der Lage sind, etwas zu unternehmen und zu einer neuen Jagd zu starten. Dabei haben neueste Forschungen ergeben, daß diese kleinen Tiere, die zu den Schleichkatzen gehören, also selbst Raubtiere sind, sogar einen Kriegstanz aufführen. Dieser Kriegstanz weist auf stete Abenteuerlust hin.

Erdmännchen sind mutig. Sie wagen sich an gefährliche Feinde heran, beispielsweise an Skorpione. Ihr Instinkt ist erstaunlich gut entwickelt, da sie – immer in Gruppen – den Skorpion von hinten am giftigen Stachel anpacken. Sie sind auch gewitzt genug, es mit einer großen Kobra aufzunehmen, die sie durch ihre Vielzahl so verunsichern, daß sie schließlich die Flucht ergreift.

Also, niemand soll die Erdmännchen unterschätzen! Aber obwohl sie bei kleinen und großen Zoobesuchern äußerst beliebt sind, weil sie so possierlich wirken, hat kein Seminarteilnehmer je gesagt: »Das ist das archetypische Tier in mir!«

Einst wild, dann dienend, heute fast vergessen: der Esel

Jetzt war also der Seminarleiter an der Reihe. Der Esel ist alt. Uralt. Schon vor 6000 Jahren wurde er zum Haustier. Heute braucht man ihn kaum noch. Wie kann so ein dienendes Tier zu einem der beliebtesten Schimpfworte avancieren?

Für die ägyptischen Pharaonen schleppte der Esel die Steine zum Bau der Pyramiden. Reiche Pharaoninnen badeten in Eselsmilch. In den antiken Kriegen brachte er die Waffen an die Front, während Jesus friedlich auf einem Esel in Jerusalem einritt.

Waren dies alles Gründe, um den Esel als dumm und dämlich zu diffamieren? Oder wurde er zum Negativsymbol, weil er fleißig, geduldig, treu und genügsam seine Pflichten erfüllte? Seine zähe Kraft wurde stets bewundert, nicht ohne Grund hat man den Esel sogar vergöttert – allerdings als Potenzsymbol.

Wurde der Esel wegen seiner langen Ohren verlacht oder weil es viel Zeit dauert, ehe er sich wehrt?

Ein alter, nutzlos gewordener Esel wurde von seinem Herrn geschlagen, weil er ihm nicht mehr das Futter wert war, das er in aller Bescheidenheit beanspruchte. Der Esel lief endlich davon. Aber er tat weiter Dienst und wurde der Unterbau von vier Musikanten – den »Bremer Stadtmusikanten«. Heute ist der Esel kaum noch etwas wert; da er in der Landwirtschaft nicht mehr gebraucht wird, droht er sogar auszusterben. Dies ist die eine, die äußere Seite. Die innere Seite aber ist, daß der Esel nie richtig geliebt wurde.

Der Esel ist still, er kann warten, allerdings kann er auch störrisch sein, wenn es ihm zuviel wird – aber wann wird es ihm zuviel? Wann schlägt er mal aus? Wenn jedoch sein

Tritt jemanden trifft, dann ist das äußerst schmerzhaft, aber im nächsten Moment ist er wieder brav, still und frißt vielleicht sein bescheidenes Futter: Gras, Disteln, Stroh – auch mal Heu. Allerdings: Zehn Liter Wasser täglich sollte man ihm schon geben.

Immerhin ritt Jesus auf einem Esel, und es gibt Bilder, auf denen Christus mit einem Eselskopf am Kreuz hängt. Man weiß bis heute nicht: War dies ein Spottbild (was anzunehmen ist) oder Verehrung? Aber der heilige Franziskus, der heute als Patron dieses Tieres gilt, nannte seinen Esel »Bruder Esel«. Franziskus wußte, daß er eben mehr als ein graues Vieh ist, wenn er auch nie viele Ehren einsammeln konnte.

Der Esel wirkt immer ein wenig traurig, um nicht zu sagen melancholisch. Es scheint so, als sammle er das Leid der Welt – aber das scheint wohl nur so.

Sinnbild der Weisheit: die Eule

Es ist nicht nötig, Eulen nach Athen zu tragen, denn die Weisheit ist längst auf der Akropolis zu Hause.

Eulen sind Nachttiere, und als dieses Wort fiel, zeigten sich gleich drei Seminarteilnehmerinnen angesprochen. Es war bekannt, daß sie die Nacht zum Tage machten, daher dem Seminarvormittag meist nur mit müden Augen folgen konnten.

Eine rief: »Nur weil wir spät schlafen, sind wir noch nicht weise.« »Wie wahr ... wie wahr«, hallte es zurück. Aber hat man deswegen die Eulen (oder Uhus) zu Weisheitssymbolen gemacht? Sicher ist, daß diese Raubvögel – jawohl, es sind Raubvögel – erst im Dunkeln auf Jagd gehen. Ihre biologische »Weisheit« besteht nämlich darin, daß sie nachts noch das verborgenste Licht erfassen. Der Flug der Nachteulen ist ganz leise, wodurch diese Vögel unheimlich wirken. Weil nun aber auch der Tod oft schleichend kommt, wurde das kleine Abbild der Eule, der Kauz, zu einem Todessymbol. Aber wer irgend etwas mit dem Tod in Verbindung bringt, wer über das Ende nachdenkt, der ist auf den Weg zur Weisheit.

Unsere drei Nachteulen, die die Nacht zum Tage machten, zeigten sich nun nicht mehr betroffen. Klara meldete sich: »Ich könnte mich mit der Eule identifizieren.« Die Teilnehmer wußten, daß das stimmen könnte, denn durch alle Gespräche schimmerte bei ihr das Todesthema durch.

Klara litt, das wußten auch alle, an sogenannten Gespensterträumen, die sie aber kaum ängstigten. Nur wenn sie ihre Träume am Tage erzählte, schauerte es vielen und es lief ihnen kalt den Rücken herunter. Der Tod ist rätselhaft wie die Eule. Dies traf auch auf Klara zu, die dabei voller Wärme und Güte war, aber so richtig klug wurde niemand aus ihr. Wenn man sie etwas fragte, antwortete sie meist: »Ich will darüber eine Nacht schlafen.« Manche ärgerte diese Reaktion.

Aber vielleicht ist dies das Symbol der Weisheit überhaupt, alles überschlafen zu wollen. Das Nachdenkliche wirkt auf die Umwelt meist auch undurchsichtig, und deswegen gefallen diese Vögel nicht allzu sehr. Singvögel zum Beispiel können den Eindruck vermitteln, als würden sie den Menschen antworten. Eulen antworten nie, und ihr Gesichtsausdruck ist stets ohne Regung.

Die Chinesen meinen, daß die Augen einer Eule Dämonie verraten und daß diese Tiere den Menschen zwingen wollen nachzudenken. Nun, »zwingen« ist wohl zuviel, »zum Nachdenken auffordern« kann schon eher zutreffen. Und tat Klara dies nicht in diesem Seminar? Ihre Augen zeigten nur an, daß sie alles genau und aufmerksam beobachten, aber auf Beobachtungen anderer überhaupt nicht reagieren.

Als die Stunde zu Ende war, stand Klara auf und sagte nur: »Heute fühle ich mich zum ersten Mal etwas durchschaut.« Sie öffnete die Tür und verschwand.

Zwischen Himmel und Erde: der Falke

Ernst hieß er, und ernst war er. Fest glaubte er an einen ständig währenden Zusammenhang zwischen Himmel und Erde. Als der Falke zur Sprache kam, meldete er sich sofort und meinte: »Dieser Typus könnte zu mir passen.« Alle staunten, und Klara warf ein: »Warum der Falke? Einen Adler, also einen anderen Raubvogel, hatten wir doch schon.« Nun wurde erstmals der Unterschied zwischen dem Herrschaftssymbol Adler und dem Vermittlungssymbol Falke geklärt.

Der Falke war – vor allen bei den Ägyptern – als Horusfalke bekannt. Er zeigte an, wo der Himmel begann, nämlich genau da, wo dieser aufwärtsfliegende Vogel mit dem menschlichen Auge nicht mehr zu sehen war. Aber der Falke kam auch immer wieder zurück, und so meinte man, er sei der Mittler zwischen Himmel und Erde.

Horus war das Kind von Isis und Osiris, das die Aufgabe

hatte, den feigen Mord, den Seth an seinen Vater Osiris angezettelt hatte, zu rächen. Horus siegte nach schweren Kämpfen und flog nun zu dem im Himmel residierenden Osiris, um ihm von den Menschen zu berichten, aber er teilte auch den Menschen mit, was die Götter von ihnen erwarteten. Daher hat der Falke auf ägyptischen Abbildungen auch ein menschliches Gesicht.

Das ist also der gewichtige Unterschied zwischen Adler und Falke: Der Adler ist so mächtig, er kümmert sich kaum um die Götter, und noch weniger um die Menschen; dies erledigt der Horusfalke, der damit vor allem die Macht der Götter symbolisiert.

»Daher wurde es einst als ungeheuerlich angesehen, einen Falken zu jagen«, warf Ernst ein, der nun die weiteren Erklärungen abgab. Es war ganz deutlich, daß er sich längst persönlich für den Falken entschieden hatte.

»Auch bei den Arabern gilt der Falke als Götterbote. Das Verhältnis zwischen Mensch und Falke ist dort so wie bei uns etwa das Verhältnis zwischen Mensch und Hund. Nur wird der Falke nie als dienendes Tier, sondern immer als göttliches Tier angesehen. Die Falkner in Arabien haben als erstes die Aufgabe, daß es dem Falken gutgeht, und wenn ein Falke mal nicht zu seinem menschlichen Herrn zurückkehrt, dann verfällt dieser in tiefe Trauer, weil er meint, nun haben die Gottheiten ihm ihre Gunst entzogen.

Und auch die Germanen sahen in den Falken fliegende Gottheiten, die den Menschen etwas verkünden wollen. So wurde der Gott Odin oft als Falke beschrieben. Natürlich wurde der Falke zur Jagd eingesetzt, aber die Beute galt als ein Geschenk der Götter.

Später – vor allem im Mittelalter – ging das Gottsymbol

verloren, die Falknerei artete zum Vergnügen aus, und die Adligen verloren so den Segen der Gottheiten. Zwar wußten sie nichts mehr von der engen Beziehung zwischen Gott und Tier, aber Unwissenheit schützt bekanntlich nicht vor Strafe.«

Ernst setzte sich und schien mit seiner Rede zufrieden. Sein archetypisches Tier war ihm offensichtlich schon sehr vertraut und entsprach seinem Glauben an die Wechselwirkung zwischen Himmel und Erde.

Munter wie ein Fisch im Wasser

Um es vorwegzunehmen: Es gibt unzählige Fischarten. Und es ist ein großer Unterschied, ob es sich um einen Goldfisch oder um einen Hai handelt. Doch der Fisch – egal welcher – galt den Menschen immer als ein geheimnisvolles Symbol, was besonders durch das sogenannte Fischezeitalter unterstrichen wurde. Das gesamte Christentum war von diesem Symbol geprägt, ein Zeichen, damit sich die Christen untereinander erkennen können.

Der Mensch hat an Tieren immer das bewundert, was sie vermochten, er aber nicht konnte. Das galt selbstverständlich besonders für die Fische im Wasser. Außerdem galt das Wasser als der Ort, aus dem alles geboren wird; auch die Erde soll nach ägyptischer Vorstellung aus dem Wasser hervorgegangen sein. Da uns die Fische kundtun, ob ein Wasser gesund ist (wenn sie darin schwimmen) oder nicht (wenn das Wasser tot ist, sind keine lebenden Fische mehr dort), wurden diese Tiere als Symbol des Lebens aufgefaßt. In unserer Zeit heißt dies: Wer den Fisch-Archetypus in sich spürt, besitzt Lebensfreude, ist optimistisch und hat auch die Fähigkeit, in allen (gesunden) Wassern zu schwimmen.

Fische haben die Aufgabe, für ihre Lebenshaltung zu werben. Jesus machte aus seinen Jüngern Menschenfischer, woran noch die christliche Taufe erinnert. Grundlage eines jeden Glaubens ist zunächst der Glaube an ein sinnvolles Leben. Ein sinnvolles Leben zu führen heißt aber auch, bei allem möglichen Leid optimistisch zu sein, andere mitzureißen, damit auch sie von den »guten Wassern des Lebens« etwas zu sich nehmen.

Fische waren stets ein Symbol der Auferstehung, man denke nur an Jonas, der drei Tage (die Zeit der Auferstehung) im Leib eines Fisches (eigentlich eines Säugetiers, nämlich Wals) war und dann von diesem ausgespuckt wurde. Die Auferstehung war stets das größte Glück, das die Menschen nach einem leidvollen Leben erwarteten. Kein Wunder, daß der Fisch auch zum Glückssymbol schlechthin wurde. Noch heute wird deswegen entweder zum Weihnachtsfest oder am Neujahrstag Fisch verspeist (aber die Schuppen des Fisches müssen vorher vorsichtig aufgenommen und in eine Geldbörse gesteckt werden!).

Natürlich folgten den Glückserwartungen oft Enttäuschungen. Darunter mußte das Symbol Fisch leiden. So kam es dazu, daß herzlose Menschen als »kalt wie ein Fisch« bezeichnet wurden.

Viele Männer träumen noch immer davon, von einem Fischweibchen, einer Nixe verführt zu werden. Und in der Tat, bei den verführerischen Nixen erkennt man schwer die innere Opferbereitschaft, nach der sie sich sehnen, sie trauen sich nur nicht, dies zu offenbaren, und geben sich deswegen kalt und manchmal eine Spur zu frivol. Das sind die Wesen, in denen der Archetypus Fisch leben könnte. In den wißbegierigen Teilnehmerrunden war dieser Archetypus nicht vertreten.

Der Traum vom König oder von der Königin: der Frosch

Im Märchen vom »Froschkönig« geht es nicht einmal um die Sehnsucht, ein König zu werden, sondern um die Sehnsucht, einer Verzauberung zu entkommen – einer bösen Verzauberung, in die wir uns selbst begeben haben und weiterhin begeben. Diese schlimme Verzauberung besteht darin, daß wir weniger die inneren als die äußeren Werte schätzen. Die Werbungsindustrie hämmert uns tagtäglich ein, wie wir auszusehen haben, was wir anziehen müssen, ja wie wir leben sollen. Das Äußere der Mode regiert, und Einzelgängerinnen oder Einzelgänger, die sich diesem Diktat nicht unterziehen wollen, geraten schnell ins Abseits.

Martha erging es so: Sie wehrte sich gegen jede äußere Vereinnahmung. Als vor einer gemeinsamen Bergwanderung kleine Mützen umsonst verteilt wurden, lehnte sie es ab, sie anzunehmen, geschweige denn aufzusetzen. Solch eine Haltung wird nicht immer toleriert. Zwar wurde nach außen nichts gesagt, aber es war doch typisch, daß sie bei der Wanderung allein gelassen wurde. Aber Martha besaß innere Sicherheit, und solche Äußerlichkeiten ließen sie recht unberührt. Wußte sie, daß in ihr eine Königin lebte?

Jedem Flirt ging sie aus dem Weg, nachdem sie manche Enttäuschungen mit Liebschaften erfahren hatte, aber sie war sicher – und das drückte sie auch immer wieder aus –, den richtigen Lebenspartner zu finden.

Der Frosch ist ein Symbol für die Wandlung vom Ei über die Larve zur Kaulquappe. So nimmt der Frosch voraus, was der Mensch auch heute noch lernen muß: das Prinzip der ewigen Wandlung.

Der Frosch wird aus einem Gewässer geboren; so hat er nach den Legenden eine tiefe und nahe Beziehung zum Urgott der Wassertiefe, was der Seele eine unbeeinflußbare Sicherheit gibt. Je länger das Seminar dauerte, um so mehr Anerkennung gewann Martha. Man sagte ihr das nicht, aber die Begrüßungen wurden doch von Tag zu Tag netter, und die Aufforderung, sie möge sich bei Tisch dazusetzen, waren bald eine gute Gewohnheit. Vielleicht weil man wußte, daß diese Teilnehmerin auch durch Zuwendung nicht bestechlich war. Den Archetypus Frosch fand man übrigens ziemlich schnell für sie, als spüre man ihre Sehnsucht, zu ihrer wahren Gestalt erlöst zu werden.

Viele Götter in Ägypten und bei den Azteken hatten übrigens Froschgesichter und wurden mehr respektiert als geliebt. Isis, so sagte man, kann alles verzeihen, ein Froschgott wie der »Mam« der Azteken aber nicht, denn dieser drängt auf Wiedergutmachung.

Der Frosch gehört zum Reich der Holle – ein zweigeschlechtliches Wesen, das für die Weisheit im Himmel wie auf Erden zuständig war. Äußere Anerkennung fand der Frosch allgemein durch seine prophetische Gabe der Wettervoraussage. Wer vorher weiß, was der Himmel schickt, der muß eine große Gottesgabe besitzen. Kein Wunder, daß manche Schamanen den Frosch zu ihrem Stammvater ernannten. Doch allzu viele Gaben belasten und machen innerlich melancholisch, was auf Martha mit Sicherheit zutraf, aber von ihrer inneren geraden Linie ließ sie sich nie abbringen. Und seltsam, als das Seminar zu Ende ging, hatten sich fast alle Teilnehmerinnen und Teilnehmer in Martha irgendwie verliebt und warben um ihre Freundschaft.

Der geliebte Gänsedieb: der Fuchs

Heute ist es fast eine Ehre, als Fuchs bezeichnet zu werden. Der Fuchs ist klug, wachsam, und bereit zuzuschnappen. In Kinderliedern wird er besungen: »Fuchs, du hast die Gans gestohlen, gib sie wieder her, sonst wird dich der Jäger holen ...« Wie kam man dazu, anzunehmen, daß ein Raubtier seine Beute freiwillig hergibt? Das tun ja kaum Menschen. Und bekämpft wird der Fuchs heute weniger seiner Raubzüge wegen, sondern weil er als Überträger der Tollwut gilt.

Woher also die allgemein recht positive Meinung? In einem Seminar wurde Gilda als Füchsin angesehen und war trotzdem – oder gerade deswegen? – sehr beliebt. Sie war nicht einmal klug und wirkte auch nicht allzusehr gebildet, aber sie war schlau. Sie gab ihre Antworten zur rechten Zeit, und sie konnte sich durch einen passenden Witz oft in den Vordergrund spielen. Groß war sie im Fallenstellen: Sie zauberte Situationen herbei, in denen die anderen Teilnehmer nicht allzu gut aussahen, so erweckte sie viel Schadenfreude – nur konnte sie nicht über sich selbst lachen. Wahren Humor hatte sie nicht, denn der beginnt, wenn man über sich selbst lachen kann. Hatte jedoch jemand Kopfschmerzen oder zuviel vom Buffet genascht, dann wußte sie Rat und holte aus ihrem Zimmer stets die richtigen Medikamente. Sie schien eine ganze Apotheke mit sich zu führen.

Nun galt ja der Fuchs einst als Heilsbringer wie etwa auch der Rabe. Man bewunderte seinen sagenhaft guten Instinkt – vielleicht ein Grund, warum dieses Tier bis heute nicht ausgerottet ist. Man schrieb es dem Instinkt des Fuchses zu, daß er stets auf kommende Gefahren vorbereitet war. Auch Gilda äußerte bei dieser Gelegenheit ganz spontan, daß sie eigentlich immer wisse, was auf sie zukomme, daher könne man sie kaum überraschen.

Bei einigen Völkern galt und gilt der Fuchs als Geleittier für die Seele; für viele Menschen schien er sogar unsterblich zu sein, wohl weil er nicht auszurotten war. Der Fuchs ist ein Raubtier, das aber sehr nützlich sein kann, denn er jagt auch Feldmäuse und Insekten.

Zorn zieht er jedoch auf sich, wenn er Vögel aufscheucht und – vor allem junge Vögel – frißt. Nun rief Gilda laut: »Wie viele Menschen in Europa jagen Vögel, verspeisen sie als Delikatessen – ist da der Fuchs anders als wir? Und wie gerne werden auch von uns an bestimmten Tagen Gänse gegessen!«

Was dem Fuchs jedoch viel Ehre einbringt, ist seine Kampfbereitschaft gegenüber stärkeren Tieren und seine Opferbereitschaft, wenn der Nachwuchs in Gefahr ist.

Gilda war mit dieser Beschreibung ihres Tier-Archetypus recht zufrieden, lachend meinte sie am Ende: »Es ist fast eine Ehre, sich mit dem Fuchs identifizieren zu können.«

Wer weiß, was er zu Weihnachten ißt? Die Gans

Am Martinstag und zu Weihnachten gibt es hierzulande Gans – ein Tier, das stets für Beleidigungen herhalten muß. Keiner will eine Gans geschimpft werden. Da geht es der Gans wie dem Esel oder dem Geier (darauf gehen wir noch ein): Es sind Tiere, die heute durchaus verkannt werden. Ist das eine späte Rache?

Denn einst wurde die Gans als das Tier der Nemesis angesehen, einer Göttin, die dann ins Leben eingriff, wenn Ungerechtigkeiten an der Tagesordnung waren oder wenn Mord und Tod ungesühnt blieben.

Was bei diesem Tier noch auffällt, ist seine Unbestechlichkeit. Es ist sehr schwer, eine Gans von ihrem Heim wegzulocken, auch läßt sie sich nicht leicht einfangen. Gänse leben im Freien, und wenn sich Einbrecher einem Haus nähern, dann schnattern sie nicht nur laut los, sondern sie attackieren die Eindringlinge sehr heftig. Meist vertreiben sie die Diebe, noch bevor die Hausbewohner aus ihren Betten herausgekrochen sind. Um diese uralten Erfahrungen wissen auch die Militärs: Je wichtiger ein Depot, eine Stellung ist, um so mehr Graugänse werden vor den Zäunen postiert.

Treue und Wachsamkeit, das sind die positiven Attribute, die man einer Gans zugesteht. Der heilige Martin hatte die Gans in seinem Wappen. Die Legende berichtet davon, daß Bruder Martin auf keinen Fall Bischof werden wollte. So flüchtete er vor dieser Beförderung und verbarg sich in einem Gänsestall. Da tobte nun ein Geschnatter, das alle Welt zusammenlief, so daß der Bruder Martin entdeckt war.

In Ägypten erzählt man sich die Geschichte, daß ein Fellache (ein Bauer) sich Gänse hielt, die nach und nach geschlachtet oder verkauft wurden. Eine Gans schaute den Fellachen dauernd an, als bäte sie ihn, nicht dieses Schicksal erleiden zu müssen. Besonders wachsam, hatte sie schon zweimal verhindert, daß bei ihm eingebrochen wurde. Als die Reihe an diese Gans kam, brachte es der Bauer nicht übers Herz, die treue Gans zu schlachten, und eilte davon. Später näherte er sich zögernd dem Gänsestall, und da schien es ihm, als sähen ihn die Tiere ganz anders an, viel heiterer als vorher. Und er beschwor, daß der Ausdruck ihrer Augen ein ganz neuer geworden wäre. Von dem Tage an konnte er keine Gans mehr schlachten.

Die langen Flüge der Gänse regen auch unser Fernweh an, das Lied »Wildgänse rauschen durch die Nacht« zeugt davon.

Trotz dieser alten und so positiven Erkenntnisse habe ich noch niemanden getroffen, der meinte, in ihm lebe der Archetypus der Gans. Das penetrante Geschnatter der Vögel und ihr eher unbeholfenes Watscheln fordern zu negativen Vergleichen auf.

Mit Abscheu dem Abscheu begegnen: der Geier

In unserem Seminar war auch Felix. Felix heißt eigentlich »der Glückliche«, nur machte dieser Felix keinen sehr glücklichen Eindruck. Er hatte ein recht scharfkantiges Gesicht, etwas hektische Bewegungen, sehr wache Augen und einen verkniffenen Mund.

Als die Reihe an den Geier kam und der Referent meinte,

diesen Archetypus wolle wohl keiner haben, sprang Felix auf und rief: »Ich schon!« Alle schauten ein bißchen erschrocken, aber dann sagte Felix sehr engagiert: »Es muß doch Menschen geben, die für Sauberkeit und Ordnung sorgen.«

Damit waren wir also beim Geier. Denn der Geier ist der große Saubermann in der Natur. Mit seinen überscharfen Augen sieht er auch noch das kleinste tote Lebewesen, um es zu fressen. Schon in den Urzeiten galt der Geier als Vogel des Todes und der Verwesung. Er war und ist der Aasfresser.

Im alten Ägypten hatte diese Vogelart eine eigene Göttin, die Geiergöttin Elkab. Sie war geachtet, gefürchtet, aber nie beliebt. Alles, was mit dem Geier zu tun hat, hat meist einen negativen Anstrich. Auch hier haben sich die negativen Beschimpfungen gehalten. Wie viele reichere Leute müssen sich etwa Beschimpfungen wie »Aasgeier« gefallen lassen.

Natürlich hat jedes Tier seine Funktion, und viele Tiere werden von vornherein mit einem negativen Vorurteil bedacht, wie eben der Geier. Herrschsüchtige, grausame Fürsten wurden als Geier verschrien, als Ausbeuter. Nur stimmt dieser Vergleich nicht. Geier beseitigen Totes, Verwesenes – diejenigen aber, die man als Geier bezeichnet, bringen eher Tod und Verderben über die Lebenden.

Am Geier (auch an manchen anderen Tieren) können die Menschen ihre Vorurteile messen. Natürlich, sie sehen eher häßlich als hübsch aus, und wenn man Bilder sieht, wie ein Rudel der schwarzen Rabengeier auf einem kahlen Baum sitzt und auf ein verendendes Lebewesen lauert, kann einen schon das Grausen packen. Andererseits: Wo die Geier sind, gibt es auch kein liegengebliebenes Aas.

Da die Geier in der Regel sehr schnell ein totes Wesen auf

dem Erdboden entdecken, kam die Meinung auf, daß diese Vögel schon vorher wüßten, wo es Leichenfleisch geben sollte. Daher stammte früher auch die Angst, daß, wenn ein Geier über eine Ortschaft kreise, diese bald schlimme Zeiten erleben würde.

Felix sagte nun etwas zynisch: »Ich wünschte mir, manche Staatsanwälte hätten etwas Geierinstinkt, um zu ahnen, wo sich in Kürze Verbrechen häufen werden und etwas auf der Stecke bleibt.«

Die süßesten Früchte fressen nur die großen Tiere: die Giraffe

Jedes Kind, das eine Giraffe zum ersten Mal sieht, ist schlichtweg überwältigt. Diese Größe, diese langen Beine, dieser schier unendliche Hals und dieser dazu im Verhältnis kleine Kopf!

Wer einmal eine Giraffe gesehen, der vergißt dieses Tier nie. Es lebt zwar freilaufend nur in Afrika, aber jeder zoologische Garten ist stolz darauf, so ein Tier auszustellen. Trotz der Größe wirkt es nicht böse, nicht gefährlich, sondern friedlich und scheu.

Giraffen haben in bezug auf die Nahrungsbeschaffung kaum Konkurrenten: Durch ihre Größe können sie sich unbehelligt ihr Futter holen, an das die anderen Tiere nie und nimmer herankommen. Immerhin finden sie an bis zu sechs Meter hohen Bäumen zu fressen. Das ist es, was unbewußt unsere Tiefe anspricht. Auch wer nicht so groß wie eine Giraffe ist, der möchte etwas zu sich nehmen, was nur für ihn bereitet ist. »Die süßesten Früchte fressen nur die großen Tiere« – das ist nicht nur biologisch gemeint, sondern in erster Linie denkt man da an Menschen, die über einem stehen, die zu den oberen Zehntausend gehören, die Macht haben und sich etwas leisten können, was einem selbst nicht gegönnt ist. Das sind die großen Tiere. Die Sehnsucht nach dem Giraffentypus lebt in vielen Menschen, nur die meisten geben das nicht zu.

Aber alles hat seinen Preis. Zwar können die Giraffen in der Wildnis eine Nahrung zu sich nehmen, die nur ihnen vorbehalten ist, aber wenn es ans Trinken geht, dann beginnt ihr persönlicher Leidensweg. Und Durst muß öfter befriedigt werden als Hunger. Kommen sie zur Tränke, können Giraffen nicht einfach den Hals nach unten senken. Sie müssen die Beine spreizen, um ihn zu beugen. So aber können sie im Falle eines Angriffs nicht die Flucht ergreifen, sie sind zu unbeweglich. Sie müssen also ihre Wasserstelle vorher gut gegen mögliche Raubtiere absichern. Da fallen einem doch erstaunlich ähnliche Verhaltensweisen bei den großen Tieren in unserer Gesellschaft auf, die ihre Schwachstellen möglichst verbergen und höchst wachsam darauf bedacht sind, ihre verwundbaren Stellen dem Gegner nicht zu zeigen.

Ansonsten – und das gleicht manche Beschwerde wieder aus – haben die ausgewachsenen Giraffen in der Wildnis kaum Feinde. Und ihre Huftritte vertreiben selbst größere Angreifer.

Als Archetypus ist die Giraffe selten. Aber zumindest als Traumsymbol hat die Giraffe Karriere gemacht.

Zwischen Diesseits und Jenseits: der Greif

Der Greif ist ein Vogel aus der archetypischen Phantasie. Sicher ist das Archetypische vom Adler, vom Falken und etlichen anderen Tieren abgeleitet. Der Vogel Greif kommt heute als Archetyp so gut wie nicht mehr vor, eher als Bedrohung in Träumen.

Der Greif ist jedoch ein archetypisches Tier, das Wächterfunktionen ausführt. Erste Vorbedingung dazu: absolute Neutralität. Die Legenden sprechen davon, daß der Greif als Wächtergeist – man bedenke das Wort »Geist« – auf Kreta am Thron von Knossos postiert war, um Unglück abzuwenden. Im Altertum galt ja auch die Weisheit, daß zuviel Glück Unglück ist. Minos von Kreta wurde durch sein Glück so übermütig, daß er seinen Schwur nicht hielt, dem Gott Poseidon seinen besten und schönsten Stier zu opfern. Dieser Eidbruch führte Knossos dann ins Unglück – trotz des Wächtergeistes. Es gibt schon in den Mythen ein Diesseits und ein Jenseits. Um diese Grenze zu erkennen, bedurfte es eines Wächters.

Später bewachte der Greif auch die Bundeslade, also alles Heilige, was der Herr geschaffen hatte, damit die Völker sich immer an ihn erinnern, um ihnen aber auch zu zeigen, daß der Herr stets anwesend sei.

Wir kennen diesen Vogel aus vielen Märchen, Sagen und Mythen. Hier steht der Greif für die Mahnung, sich ihm nicht in unangemessener Weise zu nähern. Denn er kann – wenn er will – jeden verschlingen.

Der Greif hat viel Ähnlichkeit mit der ägyptischen und später mit der griechischen Sphinx. Es taucht sogar die Frage auf, welches Geschöpf der Phantasie zuerst das Wächteramt übernahm, es war wohl der (später in Griechenland die) Sphinx. Aber auch der Greif besteht aus einem Tierleib: Löwenpranken, Schlangenschwanz und Adlerkopf. Damit wird ausgedrückt, daß der Greif voller Kraft und Wachsamkeit ist, gepaart mit Scharfblick und Feinhörigkeit. Entscheidend ist dabei, daß der Greif im Gegensatz zum Menschengesicht der Sphinx einen Adlerkopf hat, was das Herrscheramt des Wächters besonders unterstreicht.

Kikeriki, und die Dämonen verschwinden: der Hahn/die Henne

Hahn und Henne sind zwei wichtige Tiere im Hinblick auf ihre archetypische Ausstrahlung, aber so gern identifiziert sich niemand mit ihnen.

Früher war vor allem der Hahn ein Symbol des Lichtes – schließlich kräht der Frühaufsteher schon bei den allerersten morgendlichen Sonnenstrahlen.

Ehe das Huhn bei uns zum Haustier wurde, lebte es als Wildhuhn im Iran und in Hinterindien. Aber schon in der Bronzezeit (um 1500 vor Christus) kam das Huhn zu uns. Da existierten bereits die Legenden um die Vertreibung der Nacht-Dämonen, und aus der Ankündigung des Lichtes schloß man einst, daß das Huhn auch die Neugeburt des Menschen ankündigt.

Die alten Griechen müssen den Hahn noch mehr verehrt haben, denn dort soll er sogar die Geburt des Apollon angekündigt haben. Wenn der Hahn sich meldet, will er also meist eine frohe Botschaft verkünden.

In der Bibel spielt der Hahn eine wichtige Rolle, denn »ehe der Hahn dreimal kräht, wirst du mich dreimal verleugnen« (Mt 26, 34), sprach Jesus zu Petrus. Aber damit zeigte der Hahn auch an, daß nun eine neue Religion, das Christentum, geboren wurde. Wohl auch ein Grund dafür, daß danach viele Kirchtürme durch einen Wetterhahn verziert wurden.

Im Seminar meldete sich nun Anita, eine junge Journalistin, die ihr Problem vortrug. Sie hatte es in ihrer Zeitungsredaktion schwer, weil sie lieber gute Nachrichten an die erste Stelle setzen wollte als schlechte Neuigkeiten. Trotz aller Widerstände in dieser Beziehung wollte sie bei ihrem Prinzip bleiben, das sie für sich als völlig richtig erkannt hatte. Das Wetterwendische war nichts für sie.

Lebte in ihr auch ein »Streithahn«? Anita nickte nur stumm mit dem Kopf und murmelte: »Kann schon sein.«

Die Verwandtschaft des Hahns mit dem Element Feuer ist allgemein bekannt – der »rote Hahn« war einst auch Symbol für eine Feuersbrunst, da er auch viele Hausdächer zierte, und wenn die Flammen aus dem Dach schlugen, färbte sich der Dachhahn rot.

Das Tierbild ist auch in vielen Wappen zu finden, besonders in französischen. »Mag es nun Zufall sein oder nicht«, warf Anita ein, »aber zu Frankreich habe ich eine besonders tiefe Verbindung.«

»Meister Lampe« ist ein wahrer Meister: der Hase

»Gibt es ängstliche Hasen hier unter uns?« Die Frage des Referenten blieb zunächst unbeantwortet. Leise meldete sich nach einer Pause Mathilde. Sie war die Seniorin, immer still, immer freundlich lächelnd, aber auch immer etwas abwesend.

»Als Angsthase wurde ich schon in der Schule bezeichnet, aber so ängstlich bin ich nicht. Ich habe Angst vor Gewalt und Roheit, ja, aber ich würde mich eher als vorsichtig bezeichnen.« Alle staunten, das war ja eine richtige Rede gewesen! Man klatschte leise Beifall, und Mathilde blickte freundlich in die recht große Runde.

Hasen gibt es in allen Erdteilen, und einst galten sie als Begleiter der Göttin Artemis, einer von vielen Mondgöttinnen. Der Mond – und damit der Hase – war ein Symbol der Unsterblichkeit. Und dies nicht nur bei uns im Abendland, sondern auch im riesigen China.

Daß er zum Symbol für Unsterblichkeit avancierte, hängt sicherlich auch mit der großen Fruchtbarkeit des Hasen zusammen. Das Frühlingsfest Ostern ist sein Fest – es richtet sich nach dem jährlichen Mondstand, und es ist das Fest der Auferstehung, wobei die im Frühling erblühende Natur das Grundmotiv für alle anderen Auferstehungen gab.

Der Hase, der mit den Ostereiern symbolisch das neue Leben bringt, war stets beliebt. In dem Märchen vom Hasen und dem Igel allerdings wird der übermütige Hase (Mondsymbol) durch einen Trick des Igels (Sonne) schwer bestraft, da er nach diesem Wettkampf tot umfällt. Aber dieser Tod ist auch nur wieder eine Vorstufe der Auferstehung. »Der Glaube an die Auferstehung ist für mich sehr wichtig und wird immer wichtiger, je älter ich werde, und ich bin schon im achten Jahrzehnt.« Mathilde gewann bei allen Respekt.

Der Hase wurde aus den oben genannten Gründen als Glücksbringer und – als zum Mond zugehörig – auch zum Symbol des Wandels. Der Name »Hasenfuß« für einen ängstlichen Menschen ist eigentlich nicht zu verstehen. Natürlich läuft der Hase vor jeder Gefahr weg, aber tun dies nicht die meisten Tiere und Menschen? »Und so eine flinke Wendigkeit rettet Hasennaturen oft vor einer Konfrontation – ja, das Hasenpanier zu ergreifen, schien mir klüger als wilde Kampfgebärden – wenn es auch manchen Leuten feige erscheint.« So Mathilde.

Durch seine Fruchtbarkeit, die schon in der Antike auffiel, meinte man, daß der Hase eine starke erotische Kraft besitzen müsse. So wurde das Hasenessen zu einem richtigen Kult, um die Kraft des Mannes zu stärken. Dieses aphrodisische Mittel sollten aber auch die Frauen zu sich nehmen, die keine Kinder bekommen konnten. Schmunzelnd meldete sich Mathilde wieder: »Also, ich habe nie Hasenbraten deshalb gegessen, aber meine fünf Kinder bestätigen wohl auch eine gewisse Fruchtbarkeit.«

Das Tier mit einer natürlichen Krone: der Hirsch

Der Hirsch wird auch der »König der Wälder« genannt, und was der Löwe für Afrika darstellt, das gilt in unseren Breiten für den Hirsch, ohne daß die beiden Tiere eine Ähnlichkeit aufweisen können. Was kaum einer glauben mag, der Hirsch ist eher ein Tier der Dunkelheit und der Dämmerung als ein Tier der Helle. Das war sicher auch ein Grund, es der Mondgöttin Artemis zuzuschreiben.

In machen Überlieferungen gilt der Hirsch als Führer ins Jenseits. Vielleicht weil er im Winter sein Geweih verliert (er wirft es ab), das sich aber dann in den nächsten Monaten neu bildet. Die Krone geht also nie ganz verloren. Wie sich der Mond (Artemis) tagsüber – wenn auch nicht ganz – zurückzieht, so tut dies auch der Hirsch, der erst in der Nacht aktiv wird. Außerdem ist er ein Symbol der Macht, denn der Platzhirsch (ein Begriff, der heute noch in der Politik wie im Management verwendet wird) muß öfters mit einem Herausforderer den Kampf aufnehmen.

Wie schon erwähnt, gilt das Geweih als Symbol der Lebenserneuerung, das insofern eine besondere Bedeutung bekommt, weil das Geweih immer zum Himmel emporgerichtet ist. Schon in alten Höhlenzeichnungen erkennt man die Verehrung des Hirsches, und so entwickelte sich die Überzeugung, daß sich im stets erneuernden Geweih eine heilbringende Medizin befinden müßte. In manchen Überlieferungen wird vermutet, daß sich – angeregt durch das Geweih – die Fürsten und Führer als Zeichen der Macht eine Krone aufsetzten. Denn je größer das Geweih, um so mehr Ansehen besitzt der Hirsch in seinem Revier. Um so mehr Ansehen erwirbt sich aber auch der Jäger, der die Krone an gut sichtbarer Stelle in seinem Jagdhaus oder Schloß anbringt. Gerade Menschen mit fehlender Souveränität zeigen Lust am Jagen, um ihren Selbstwert zu steigern, zumal der Hirsch vor allem als Symbol der männlichen Stärke galt und auch heute noch gilt.

Der Volksmund hat sich diese Beziehung sehr schnell zu eigen gemacht, da es bei einem Ehebruch oft heißt: »Die hat ihm aber Hörner aufgesetzt!« Das allerdings gehört nur bedingt zum Archetypus Hirsch.

Im Seminar hatten wir keinen Hirsch – kein Wunder, wer sich für Esoterik und Psychologie interessiert, der legt wohl auf eine äußere Bestätigung seiner Manneskraft nicht allzuviel Wert. Der Archetypus Hirsch allerdings wird wohl kaum je aussterben, denn allein der Wunsch, sich als »toller Hirsch« zu erweisen, lebt unterschwellig in vielen Männern.

Das Beispiel von Treue: der Hund

Kaum ein Tier ist den Menschen so nahe gekommen wie der Hund. Dies bedurfte einer sehr langen Entwicklung. Vor rund 15 000 Jahren (eine kaum vorstellbare lange Zeit, und andere Autoren sprechen gar von 60 000 Jahren) wurde aus dem Wolf das beliebteste Haustier aller Zeiten. Man weiß nicht genau, wie dieser Wandel geschah. Wahrscheinlich dadurch, daß die Menschen irgendwann begannen, junge Wölfe aufzuziehen und zu zähmen. Dazu muß man wissen, daß die Wölfe schon seit dem Ende der letzten Eiszeit zu den Begleitern der Menschen gehörten.

Der Hund als Haustier war sehr wichtig, er behütete die Herden, bewachte die Quartiere, er spürte das Wild auf, und er schützte – oft im Einsatz seines eigenen Lebens – den Menschen, weil der Hund instinktiv Gefahren erkannte, die dem nicht bewußt waren. Sehr früh begann die Züchtung von verschiedenen Arten und Rassen, so daß heute kaum mehr Verwandtschaften von Hunderassen untereinander zu bestehen scheinen.

Kein anderes Tier hat sich dem Menschen so angepaßt, man kann sagen so ausgeliefert wie der Hund. Er bleibt oft – trotz vieler Mißhandlungen – seinem Herrn, seinem Frauchen treu bis in den Tod. Ganz selten bricht er aus: Dann bricht das Erbe des Wolfes durch, und der Hund wird böse und bissig.

Sein wachsamer Instinkt war der Anlaß dafür, daß man manchem Hund seherische Eigenschaften zusprach, wohl deshalb, weil er wie kein anderes Tier in unserer Umgebung Gefahren witterte, die wir nicht mehr spüren. So blieb es nicht aus, daß der Hund als Begleiter Göttern zugeteilt wurde. Der erste bekannte Hund dieser Art war der Anubis-Hund, der dem Totengott Anubis diente. Ihm wurden zur Belohnung die Herzen der Verstorbenen zugeworfen, die ihr Leben vertan oder böse gehandelt hatten.

Im Hades wohnte der dreiköpfige Cerberus, der Wache hielt. Er ließ jeden in den Hades hinein, aber keinen mehr heraus, wobei Ausnahmen eine wichtige Rolle spielten. Der einzige, der stets im Hades ein- und ausgehen konnte, war Hermes, der Götterbote. Herakles mußte mit dem Höllenhund Cerberus kämpfen, und erst als er ihn besiegt hatte, wurde ihm das Tor geöffnet, um aus der Dunkelwelt wieder herauszukommen. Andererseits hatte man sich dem Hund aber auch anzuvertrauen, denn er begleitete den Menschen auf dem Weg ins Jenseits durch alle Gefahren. Die ägyptischen Totenbücher sprechen davon.

Ein wichtiges archetypisches Bild zeigt uns die große Bedeutung dieses Tieres an: der Hund auf der Karte des Narren (oder des Suchenden) im Tarot. Dieser Hund beißt den Narren spielerisch ins Bein oder an seinem Rock, um ihn durch die Gefahren des Lebens zu führen, ein Sinnbild des Instinktes, der dem Menschen verlorengegangen ist, weil er den Verstand überschätzte, alles bedachte und durchdachte, aber kaum mehr auf seinen angeborenen Instinkt hörte. Es war der Hund, der diese beim Menschen verlorengegangene Fähigkeit ersetzte, und so war und ist er uns bis heute in diesem Punkt haushoch überlegen. Wenn es ihn nicht gäbe, müßte man den Hund erfinden – gerade in unserer technisierten Welt.

Archetypisch ist es schwierig, wenn nicht unmöglich, den Hund ohne die Berücksichtigung der einzelnen Rassen zu betrachten. Diese Rassen wurden und werden gezüchtet, um den Hunden verschiedene Pflichten zuzuordnen und auch den speziellen Wünschen von Hundehaltern nachzukommen. Jagdhunde oder Blindenhunde sind unter anderen Aspekten zu betrachten als ein Collie oder ein Rauhhaardackel. Wir können davon ausgehen, daß wir es mit zirka 400 verschiedenen Hunderassen zu tun haben.

So wurde ein ganzer Seminartag mit dem Thema »Hunde« angesetzt. Viele Teilnehmer hatten geäußert, daß in ihnen ein bestimmter Hundetypus lebe. Am häufigsten wurde der Schäferhund genannt, der wohl eine gewisse Sehnsucht des Menschen nach Ordnung, aber auch nach Durchsetzungskraft symbolisiert. Oft dient er als Polizeihund. »Ich bin zwar kein Polizist, aber in mir lebt sicher der Schäferhund«, meinte Horst. Horst war sehr für die Ordnung, und er fiel allen auf, weil sich herumgesprochen hatte, daß er der Initiator mehrerer Bürgerwehren war. »In unserer Wohngegend soll Ordnung herrschen« war sein Motto. »Aber ich besitze keinen Schäferhund, sondern einen Terrier.« Der Terrier wurde gezüchtet, um Tiere aus ihren unterirdischen Bauten zu vertreiben. Es ist eine kleine, aber scharfe Jagdhundrasse.

»Das ist im Grunde auch bei meinem Betrieb so, daß nämlich die Ordnung im Untergrund anfangen muß«, rief Horst. »Doch der Schäferhund steht mir noch näher. Ich habe schon oft gedacht, ich war in einem früheren Leben mal ein Schäferhund ... bitte belächelt das nicht.«

Dann meldete sich Anneli. Sie war die Geselligste von allen und konnte mit jedem anderen Seminarteilnehmer sprechen und gemütlich beisammensitzen. Sie meinte: »Ich könnte mir vorstellen, daß in mir so eine Art ›Gesellschaftshund‹ lebt. Das Wort habe ich mal gelesen. Vielleicht ein Pudel. Zu diesem Tier fühle ich mich hingezogen, ohne einen Pudel zu besitzen, denn ich möchte nicht allzugerne so verhätschelt werden wie die Pudel.« Das Wort »Gesellschaftshund« war übrigens goldrichtig, wenn man die Hunde in große Gruppen unterteilt. Da gibt es neben den Gesellschaftshunden die Wachhunde, die Jagdhunde und die Schlittenhunde. Hunde wurden nun einmal für fast jede Arbeit eingesetzt, die der Mensch nicht so gut ausführen konnte.

Welche Nähe sich oft zwischen dem Menschen und seinem Hund aufbaut, ist ein beliebtes Motiv von Fotografen und Karikaturisten: Beide werden im Laufe ihrer Gemeinschaft einander immer ähnlicher, und das sicher nicht nur äußerlich.

Zwei Stimmen ergänzten dann noch den Chor mit ihrer Meinung, daß sie sich vorstellen könnten, mit einem Schutzhundtypus zu leben. Das Wort kam auf den Dobermann und auf die größte deutsche Hunderasse: die deutsche Dogge.

Aber eines haben die Hunde immerhin geschafft: Sie zwingen den Menschen eine ganze Menge Arbeit oder Dressur auf, sie erwarten Zuneigung und auch Pflege. Für einen Hund muß man viel Zeit aufwenden. Gilt dies nun auch für den Archetypus Hund? Man möchte es meinen, denn jeder Mensch muß zu seinem Archetypus erst eine Beziehung aufbauen und sich mit ihm auseinandersetzen.

Das Wort vom »armen, geprügelten Hund« darf man dabei nicht außer acht lassen. Er war das oft getretene und hungernde Subjekt, an dem der Mensch als der Stärkere Zorn, Wut und Aggressionen ausließ. Auch das ist im Archetypus Hund seit Jahrtausenden verankert. Ob das auch dem widerfährt, den dieser Archetypus im menschlichen Zusammenleben anspricht?

Und wenn ihr ein Held einen Kopf abschlägt: die Hydra

Bei der Hydra handelt es sich wie beim Greif um eine sagenhafte Gestalt, um ein legendäres Tier, das es in der Natur nie gab. Wer ein Bild von der Hydra benötigt, der kann sich eine verschlingende Bestie vorstellen. Markant daran sind die vielen – mindestens neun – schlangenartigen Hälse, die aus einen hundeartigen Körper herauswachsen und auf denen jeweils ein Kopf sitzt. Und von diesen Köpfen soll einer unsterblich sein. Die Helden, die gegen die Hydra kämpften, konnten so den richtigen nie finden. Wenn sie – wie Herakles es tat – der Hydra einen Kopf abschlugen, dann wuchsen ihr an dieser Stelle sofort zwei Köpfe nach. So wurde das Ungetüm immer größer und gewaltiger, und

Herakles mußte einsehen, daß es mit dem Abschlagen von Köpfen nicht getan ist. Er besiegte sie, indem er ihren Hauptkopf, der unsterblich war, griff, ihn auf einen Felsen legte und mit einem großen Stein beschwerte. In diesem Moment war die Hydra hilflos.

Das Schlangenuntier Hydra hat eine tiefere Bedeutung: Als Schlange ist sie ein Mondtier, und der Mond symbolisiert sowohl in der Astrologie wie in den Mythen und Legenden auch die menschliche Seele. Das wird in der Astrologie noch besonders unterstrichen, da der Mond mit dem Tierkreisabschnitt Krebs verwandt ist. Und im Kampf der Hydra mit Herakles kommt ein Krebs der Hydra zur Hilfe, indem er Herakles in die Ferse kneift. Die Seele kennt viele Facetten, hat viele Hilfen. Sie sieht alles, sie hört alles, sie nimmt alles wahr. Das wird bei der Hydra ausgedrückt durch die vielen Köpfe.

Als Schlangenuntier lebt die Hydra wohl in keinem Menschen, aber als Identifikation für die Seele schon eher. Über den Sieg des Herakles gibt es viele Versionen, auch die, daß er den Hals, wenn der Kopf abgeschlagen war, mit Feuer so versengte, daß kein Kopf nachwachsen konnte. Aber damit konnte die Hydra als ein Symbol der Seele nicht gemeint sein.

Die Seele hält uns fest in Freud und Leid, sie verläßt keinen Menschen vor seinem Tod. Und die Seele lebt in vielerlei Gestalt. Doch die »Unwissenden« fühlen sich von ihr erdrückt, umschlungen, eingeengt. Sie wissen nicht, welchen Halt die Seele geben kann.

In den zwölf »Arbeiten« des Herakles wird jedesmal der Kampf mit sich selbst gezeigt. Der Kampf mit dem Löwen (erste Arbeit) ist der Kampf mit dem eigenen Bewußtsein, dem Stolz und auch dem möglichen Hochmut. Die zweite Arbeit, der Kampf mit der Hydra, ist der Kampf mit der Seele, die erst entdeckt und angenommen werden muß. Wer seine Seele nicht entdeckt, der ist gefährdet, denn er findet kaum aus Verschlingungen heraus. Wer aber seine Seele findet, der begegnet auch viel Dunklem in sich, das es aufzuarbeiten gilt. Und das ist der Sinn vom Bild der Hydra, die im Grunde in jedem von uns lebt.

Auf langen Stelzbeinen bringt er die Zeit: der Ibis

Der Referent ordnete am frühen Morgen seine Unterlagen, als Margot mit Schwung eintrat. Ihre Augen glänzten, und sie sagte: »Heute geht's nach Ägypten?« »Ja, wir werden uns mit dem Ibis beschäftigen.« Kleine Pause, dann: »Darf ich über dieses Tier berichten? Wissen Sie, ich habe eine tiefe innere Beziehung zu Ägypten und fühle dieses Tier in mir.«

Als alle Seminarteilnehmer versammelt waren, erhob sich Margot und begann: »Dieser Stelzvogel ist der Begleiter des Mondgottes Thoth. Thoth (oder Thot) war der Herrscher über die Zeit und somit über das irdische und nachirdische Geschehen. Der Ibis, ein storchenähnlicher Vogel, kam Jahr für Jahr kurz vor der Nilüberschwemmung nach Mittel- und Nordägypten. Damit wußten die Fellachen, die Zeit der Fruchtbarkeit bricht an, und sie entfernten sich vom Nilufer. Die Nilflut war nämlich so gewaltig und hatte so eine große Ausdehnung, daß viele Bauern und ihre Familien in dieser Schlammflut ertranken. Aber der Ibis warnte sie. Es war daher selbstverständlich, daß dieser Vogel als heilig angesehen und verehrt wurde. Die langen Beine ermöglichen es den Ibissen, mit ihrem nach unten gebogenen Schnabel in Wassern ihre Nahrung zu finden. Aber sie können auch fliegen und wirken dann wie Störche, weil Schnabel und Hals beim Flug lang ausgestreckt sind. Als die Menschen begriffen hatten, daß dieser Vogel ihnen das zeitliche Geschehen ankündigte, sahen sie in ihm ein Tier der Weisheit. Denn als besondere Weisheit galt der Umgang mit der Zeit und daß man sie nutzt.«

Sicher dachte jetzt Margot daran, daß dies ihr Lebensproblem war, daß sie aber den Umgang mit der Zeit erst in Ägypten gelernt hatte. »Wer dort die Pyramiden, die Gräber und die Ruinen der Tempel mit ihren inneren Ausmaßen versteht, der bekommt eine ganz neue Einstellung zur Zeit. Der begreift, daß unser irdisches Leben höchstens eine Minute der Weltzeit darstellt.«

Margot sprach weiter: »Die großen Uhrzeiger waren Sonne und Mond, wobei der Mond mehr Bezug zu den irdischen Zeitabläufen hatte. Der Ibis galt als Mondtier. Genauso wie Stierhörner erinnert sein gebogener Schnabel an die Mondsichel. Auch von daher war dieser Vogel heilig. Wenn man einen toten Ibis fand, dann wurde er in allen Ehren begraben, meist in einem Tonkrug. Den richtigen Umgang mit der richtigen Zeit zu finden, wie es der Ibis die Nilbauern lehrte, ist mir ein ganz großes Bedürfnis, weil ich es von Natur aus nicht konnte«, fuhr Margot dann fort. »Seitdem ich den Ibis als Symbol in mir spüre, habe ich keine Angst mehr vor Unglück oder gar vor dem Tod. Ich weiß, das Leben ist eine gewisse Zeitspanne, ein Teil einer großen Ordnung. Über diese Einstellung habe ich meine Mitte gefunden, und zur Suche nach der Mitte möchte ich jeden anregen und, wenn er will, ihn auch auf diesem Weg begleiten.« Margot hatte mit der Offenbarung ihres Ibis-Archetyps die anderen Teilnehmer sehr beeindruckt.

Die Stacheln der Sonne: der Igel

In der Natur ist der Igel eher unscheinbar. Auch in den Mythen taucht er (unberechtigterweise) nicht oft auf. Er kann mit den großen eindrucksvollen Tieren wie Löwe, Bär, Elefant nicht mithalten. Aber in einem Punkt stellt er doch etwas Besonderes dar: Dieser kleine, stachlige Insektenfresser, der zu den Säugetieren gehört, gilt als Tier der Sonne. Das allein schon ist das Große, das Parallelen hat zum Mistkäfer, dem Skarabäus (siehe dort).

Es war eine große Erkenntnis der Vorahnen, daß sie auch so kleine Tiere wie den Käfer und den Igel den Sonnentieren zuordneten. Beim Igel war es durch die Tatsache begründet, daß seine Stacheln mit den Strahlen der auf- und der untergehenden Sonne gleichgesetzt wurden. Das ist wichtig: nicht etwa die helle Sonne des Tages, sondern die des Auf- oder des Untergangs.

Am eindrucksvollsten kommt dies im Märchen vom Wettlauf zwischen dem Hasen (Mond) und dem Igel (Sonne) zum Ausdruck. Hier geht es um ein kosmisches Gesetz, das sich zwischen dem Herbstanfang, genau der Herbst-Tag-und-Nachtgleiche, und dem Nikolaustag, dem 6. Dezember, abspielt.

Der Hase fordert den Igel zum Wettlauf heraus. Das allein ist schon ein Kuriosum: Der Mond fordert die Sonne heraus. Aber der Mond ist nun einmal schneller als die Sonne. Die Sonne weiß, daß sie verlieren muß, und so greift sie zu einem Trick. Der Igel (Sonne) spannt seine Frau ein und betrügt den Hasen (Mond). Der Igel überlistet den Hasen, und nach 74 Nächten fällt der Hase tot um.

Hier soll allen klargemacht werden, daß die Sonne die Herrscherin über den Mond ist, denn allein ihr volles Licht strahlt der Mond zurück – er selbst hat kein Licht. Als Archetyp heißt dies: »Auch wenn du meinst, du hast Vorteile, werde nicht übermütig – es rächt sich, und Hochmut kommt immer vor dem Fall. Ja, Hochmut kann das Leben kosten.« Das ist schon Lehre des Patriarchats, das ja die Sonne als oberste Gottheit einführte.

Als Archetypus – im Seminar hatte niemand Zugang zum Igel – heißt dies: »Wenn du auch klein bis, als Sonnentier wirst du immer siegreich sein, obwohl manchmal eine List helfen muß.« Nach diesem Satz meldete sich dann doch jemand: Henry. »Das könnte auf mich zutreffen. Zuerst werde ich immer besiegt, aber letztlich triumphiere ich doch. Ich glaube einfach an meine mir innewohnende Kraft und gelange oft ans Ziel – und die anderen wundern sich, wieso!« Hier lachte er spitzbübisch. Ein Teilnehmer meinte, man könne richtig seine aufgerichteten Igel-Stachel-Sonnenstrahlen sehen!

Ein Wüstenbus trägt Lasten: das Kamel

Auf den ersten Blick mag das Kamel als Lastentier an den Esel erinnern. Aber hier gibt es doch manche Differenzierungen. Das Trampeltier hat zwei Höcker auf dem Rücken, es bietet sich also förmlich als Reittier an – im Gegensatz zum Esel. Das Kamel ist groß, wirkt mächtig – man kann bei den berühmten Pyramiden von Giseh in der Nähe von Kairo miterleben, wieviel Scheu die Touristen vor diesem Tier haben, bevor sie sich zu einem Ritt um die Cheopspyramide überreden lassen.

Außerdem liefern die Kamele Milch, Fleisch und vor allem wertvolle Felle. In Ägypten, wo beide Tierarten leben, würde niemand auch nur einen Gedanken darauf verschwenden, ein Kamel für einen Esel einzutauschen.

Durch Kamele wurde die Wüste überhaupt erst passierbar, ja bewohnbar. Kein anderes Tier ist in diesen Einöden dem Menschen so nützlich wie das Kamel. Unverständlich daher – und das hat dieses Tier mit dem Esel gemein –, daß es so häufig als Schimpfwort Verwendung findet.

Man kann nachlesen, daß der heilige Augustin, der in Nordafrika lebte, eine besondere Beziehung zu diesem Lasttier hatte. Er meditierte gerne nach biblischen Vorbildern in der Wüste, hatte jedoch immer ein Kamel in seiner Begleitung und meinte voller Ehrfurcht: »Das Kamel ist das Tier der Demut.« Was für ein guter Vergleich: groß sein, stark sein, ausdauernd sein, im Notfall mit wenig Futter oder Wasser auskommen, aber doch bereit sein, dem Menschen zu dienen. Tief symbolisch ist auch die kniende Haltung, damit die Menschen aufsteigen können.

In Legenden wird das Kamel oft mit reichen Leuten in

Verbindung gebracht, wie auch in der Bibel, und es war sogar der Begleiter der heiligen drei Könige.

Was sagt nun dieser Archetypus? Es ist sicher nicht leicht, ihn anzunehmen. Der Seminarleiter hat nur einen Teilnehmer kennengelernt, der sich zu ihm bekannte, ein großer, friedfertiger Mann mit leicht gebeugter Haltung. Schicksalsschläge hatten ihn genügsam gemacht. Heiter bekannte er sich jedoch zu diesem ihm verwandten Tier, das er – so seine Worte – in einem früheren Leben wohl auch einmal gewesen war.

Beliebt trotz ihrer Eigenwilligkeit: die Katze

Bei den Katzen ist es manchmal noch schwieriger als bei den Hunden, den richtigen Archetypus zu finden. Nicht nur aufgrund der verschiedenen Rassen, sondern vor allem ihrer Beliebtheit wegen. Katzen sind die beliebtesten Haustiere. Die Hunde werden oft gebraucht, die Katzen aber werden ohne diesen Nutzeffekt, den Hunde haben, ins Haus geholt. Immer wieder trifft man vor allem Frauen, die sich grundsätzlich in Katzen verliebt haben. Auf Seminaren ist nun festzustellen, daß viele meinen, dieses Lieblingstier wäre ihr Archetypus. Was aber meistens nicht zutrifft.

Viele Personen glauben auch im karmischen Sinn, einst eine Katze gewesen zu sein, was das Problem zusätzlich erschwert. Ursprünglich waren diese Tiere Wildtiere, aber vor 4000 Jahren sollen sie domestiziert worden sein. Der Grund dafür war ganz einfach. Aus Ägypten ist uns überliefert, daß man angebautes Getreide nach der Ernte in Speicher gelagert hatte. Natürlich lockten diese Vorräte Mäuse und Ratten an, was wiederum ihre natürlichen Feinde, die Katzen, auf den Plan rief. Das erkannten die Ägypter, wie sicher andere Völker auch, gewöhnten die Tiere an sich, womit aus dem Wildtier ein Haustier wurde. Aber die Katzen unterwarfen sich dem Menschen nie wie der Hund und lassen sich nicht wie dieser erziehen.

Die berühmteste Katzengöttin in Ägypten war die Göttin Bastet, die die Liebe beschützte. Die Katze galt immer auch als Symbol der Weiblichkeit, und diese Katzengöttin war damit auch ein Symbol der Venus als Abendstern. Ihre Schwester Sechmet war ein Symbol der Venus als Morgenstern.

Sechmet war die Löwengöttin, auch die Göttin des Kampfes – im Gegensatz zur Bastet, die als Sternengöttin nicht nur für Liebe, sondern auch für Heilung zuständig war.

Der Archetypus Katze kann also einmal über einen Menschen aussagen, daß er Heilung bringen möchte, und es hat sich herausgestellt, daß diejenigen, die sich zur Katze bekannten, immer wieder auch Liebe und Hilfe geben wollten. Trotzdem ist es gerade bei diesem Tier schwer, zwischen Liebe zum Tier und dem archetypischen Urbild zu unterscheiden.

Es lebt ja in dem Symbol auch die dunkle Seite, die der Hexe beispielsweise. Sicher, auch die Hexen versuchten mittels ihrer Kräuterkenntnisse Heilung zu bringen, aber die schwarze Katze als Begleiterin der Hexen hatte doch den Ruf, mit Zauberern in Verbindung zu stehen, und ihnen schrieb man die Gabe zu, Unheil anzukündigen. Noch heute herrscht die Angst vor der schwarzen Katze, die einem über den Weg läuft; immer noch gibt es Menschen, die dann umkehren, weil sie meinen, es könnte ihnen Böses geschehen, wenn sie trotzdem weitergingen.

Dies alles zeigt die Macht dieses Archetypus an. So wurde die Katze das Symbol der Zweiseitigkeit: Einerseits kuschelt sie gern mit den Menschen, läßt sich liebend gern kraulen, aber wehe, der Mensch will sie an der Leine führen!

Nun ergriff im Seminar Heide das Wort. Heide war eine faszinierende Frau, die gleich zu Beginn des Seminars erklärte, daß sie ihren tierischen Archetypus kenne. So wie sie geschminkt war, brauchte man nicht lange zu raten, sie kam mit auffälligen, katzenartigen Augen. Sie hatte berichtet, daß sie zahlreiche Katzenbücher und Katzenbilder besäße, auch habe sie das Musical »Cats« bereits ein dutzendmal gesehen.

Ihre Meinung war diskussionsanregend: Viele Frauen trügen heute den Katzentypus in sich. Das wäre auch ein Grund für das siegreiche Vorgehen der Emanzipation: wie die Katzen nach einer gewissen Unabhängigkeit streben, um sich dann erst jemandem anzuschließen. Männer würden das Katzenhafte sowieso kaum verstehen, denn von der Rätselhaftigkeit der Katze wüßten sie nicht allzuviel, meinte Heide. Sie verstieg sich dann zur Behauptung, Männer wären Hunde, Frauen Katzen. Da brach ein erlösendes Lachen aus, und Heide lachte mit. »Etwas Provokation tut immer gut, und Katzen können provozierend wirken.« Es wurde dann noch einmal klargestellt, daß es bei den Katzen zwar auch, aber weniger wichtig wäre, auf die Rassen zu schauen.

Aus dem Raubtier wurde einst ein Haustier, nur ihre angeborene Eigenwilligkeit verlor die Katze nicht. Man kann keine Katze zur Liebe zu einem Menschen zwingen, entweder geht sie auf den Menschen zu oder nicht. Keinesfalls kann der Mensch auf die Katze zugehen, sie nehmen und verhätscheln in der Hoffnung, daß sich die Katze ihm dann anschließt. Natürlich braucht die Katze Pflege und Nahrung, aber eines ist sie nicht: bestechlich. Dies ist für den Archetypus entscheidend, und mancher Mensch mag sich fragen, wenn er sich mit der Katze identifiziert, ob er wirklich unbestechlich ist.

Hierbei sei nicht vergessen, daß die Katze ihrer Natur nach raubt. Ihr Instinkt ist so gut, daß sie auch in finsterer Nacht auf Jagd gehen kann, zumal sich ihre Augen jedem Licht anpassen können. Ein Grund, warum der Katze auch eine kämpferische Schlauheit, ja Hinterlist zugesprochen wurde. Zu dem so sanft erscheinenden Bild einer Kuschelkatze muß also beim Archetyp auch diese Seite akzeptiert und angenommen werden.

Winzig und fein: der Kolibri

Zwei Exemplare der kleineren Vogelarten sollen hier für alle stehen: für die Tropen der Kolibri und für Mitteleuropa der Sperling oder der Spatz (siehe dort).

Die Tropenvögel fallen durch ihre Farben auf. Selten gibt es in der Natur so schöne Farbkombinationen wie bei den tropischen Vögeln, kein Designer kann prächtigere Farbzusammenstellungen erdenken. Die Kolibris sind die kleinsten Vögel, manche Arten werden nur wenige Zentimeter groß. Und doch umweht diesen Vogel manches Geheimnis. In Nordamerika gibt es eine Sage, die »Yetl der Rabe« heißt, worin die Kolibris als Symbol der Liebe und der Treue vorgestellt werden. Ein Mann liebte seine Frau so sehr, daß er sie nie arbeiten ließ, so daß sie den ganzen Tag nichts zu tun hatte. An ihrem Körper trug diese Frau vier Kolibris, zwei an ihren Brüsten neben den Armen und zwei in den Achselhöhlen. Diese Kolibris verließen die Frau aber sofort und flogen davon, wenn die Frau – wenn auch auf sittsamste Art – sich mit einem anderen Mann als ihrem eigenen abgab. Der Mann konnte am Flug dieser Tiere erkennen, was in seiner einsamen Frau vor sich ging. Die Kolibris waren also Tugendwächter, denn sie flogen auch davon, wenn die Frau nur an andere Männer dachte.

Die meisten Kolibri-Arten leben in Amerika, aber auch im nördlichen Kanada oder in Alaska. Die Kolibris leben von einer Götterspeise, dem Nektar. Sie holen ihn aus den Blüten, und so bestäuben sie die Blüten und sorgen für das Weiterleben in der Natur.

Zwei Eigenschaften zeichnen sie besonders aus: einmal die Fähigkeit, im Flug mit schwirrenden Flügeln vor den Blüten in der Luft stehen zu können; noch auffälliger ist, daß die Kolibris rückwärts zu fliegen vermögen. Im Flug zu stehen und dann noch rückwärts zu fliegen – das ist schon ungewöhnlich. Zudem beanspruchen diese kleinen Tiere kaum Platz für die Aufzucht ihrer Brut, die Nester sind winzig.

So sind sie ein archetypisches Beispiel für Kleinheit und Bescheidenheit, trotz eines Könnens, das keine anderen Vögel aufweisen. Man fragt sich, wollte der Schöpfer aller Welt zeigen: »Seht her, auch im Kleinsten liegt ein ungeheurer Wert«?

Vögel galten – vor allem im alten Ägypten – als Träger der

menschlichen Seele. Sie trugen die Seelen der Verstorbenen in den Himmel. Und das Zeichen der Gerechtigkeitsgöttin Ma'at war eine Vogelfeder. Erst über die Seele erfährt der Mensch sein Urteil. Und weil der Kolibri so winzig ist, kommt er überall hinein, und kann auch überall hinschauen und alles hören.

Mit dem Archetypus Kolibri identifizieren sich eher kindliche und heitere Menschen von leichtem und fröhlichem Gemüt – sicher auch von der Farbenprächtigkeit bezaubert. »Und solche Gaben«, warf im Seminar Irina plötzlich ein, »könnte man doch wie den Nektar als eine Lebensspeise der Götter bezeichnen?« Niemand widersprach.

Einer der größten Vögel: der Kranich

Wie der Ibis fliegt der Kranich mit ausgestreckten Hals und wirkt daher noch größer, als er ist. Aber es ist weniger seine Größe, die imponiert, als vielmehr seine stolze, ja fast majestätische Haltung. Schon im Altertum wurde er wohl seiner Erscheinung wegen als Symbol der Weisheit angesehen. Ein Kranich wirkt gelassen, erhaben, in sich ruhend.

Im Seminar meldete sich Fritz. Er habe eine Schwäche für diesen Zugvogel. Dabei war Fritz ein recht nervöser, gar nicht großer Mann, der immer eine – wenn auch schöpferische – Unruhe ausstrahlte. Hier konnte man also deutlich erkennen, daß die Sehnsucht nach Eigenschaften nichts mit dem Archetypus zu tun hat.

Kraniche haben ein überwiegend graues Gefieder. Grau ist – so ungern dies bei Farbspezialisten ankommt – die

Farbe der Toleranz: die rechte Mischung zwischen dem tiefen Schwarz und dem hellen Weiß. Eine gewisse Toleranz ist immer nötig, wenn man – wie der Kranich – in Gemeinschaften lebt. Gemeinsam fliegen diese Zugvögel in den Süden, aber nicht sehr weit. Viele überwintern schon in Südeuropa oder in Nordafrika, während sie im Sommer bis hoch in den Norden fliegen.

Wer Kraniche beobachtet, kann bemerken, daß sie sehr beweglich sind. Auf Rastplätzen springen sie auf und verneigen sich voreinander. Hier meldete sich wieder Fritz. »Ja, das kann man in Vogelfreigehegen beobachten. Und das tue ich ja auch! Innerlich springe ich manchmal vor Freude, und ich verbeuge mich oft mit einem gewissen Respekt vor den Leistungen anderer. Und ich weiß noch, wie mich in der Schule Schillers Gedicht von den ›Kranichen des Ibikus‹ innerlich aufgewühlt hat, da es hieß: ›Schwärme von Kranichen begleiten ihn, die fernhin nach des Südens Wärme in graulichtem Geschwader ziehen.‹ Es waren die Vögel, die den Mord an Ibikus aufzuklären halfen. Wie heißt es so schön: ›Sieh da, sieh da, Timotheus, die Kraniche des Ibikus.‹ Worte, die einer der Mörder rief, als ein Schwarm Kraniche über das Tribunal flog, womit er sich selbst verriet. Dies zeigt etwas von dem Ansehen, das diese Vögel einst genossen.«

Das war ein dramatischer Auftritt von Fritz! Die überzeugende Dynamik seines Vortrages war beeindruckend, und alle fragten sich, ob dieser äußerlich so nervöse Mensch nicht doch diesen Archetypus in sich spüren konnte? Auch seine vorbildliche Familieneinstellung spräche dafür. Viele Menschen, die ihre Kinder lange behüten, ohne sie bemuttern zu wollen, könnten diesen Archetypus in sich besitzen.

Denn die Kraniche führen als sogenannte »Altvögel« ihre Jungen sehr lange. Das Verhalten der grauen, stolzen und erhabenen Vögel könnte durchaus ein Vorbild sein. Wie die »Kraniche des Ibikus« übrigens als Vollstrecker der Götter angesehen wurden, sind sie auch ein Symbol für Gläubigkeit und Vertrauen in die Weltenlenkung.

Ein edles Tier: der Krebs

Es ist kein Witz: Man spricht in der Fachwelt von einem Edelkrebs, der allerdings – und das mag typisch für die heutige Zeit sein – sehr selten geworden ist. Das liegt an der Umweltverschmutzung unserer Bäche und Flüsse, obwohl der Hauptgrund für die Fastausrottung die Krebspest war, eine Krankheit, die von Pilzen verursacht wird.

Wir sind dem Krebs schon bei der Hydra begegnet, da dieses Mondtier der Hydra zu Hilfe kommen wollte, jedoch von Herakles zertreten wurde. Doch einen Krebs kann man – zumindest als Ur-Bild – nicht zertreten. Er galt lange Zeit hindurch auch als Symbol der Auferstehung, da er seine Panzer wechselt. Er kann sich auch häuten und gehört somit wie die Schlange (siehe dort) zu den Tieren, die sich sozusagen selbst erneuern.

Das Sternbild Krebs ist ein weiterer Hinweis darauf, daß dieses Tier es verdient hat, als Bild an den Himmel versetzt zu werden, was ohne göttliche Zustimmung nie möglich gewesen wäre.

Um welchen Archetypus mag es beim Krebs gehen? Den Seminarteilnehmern fiel dazu vorerst wenig ein. Nun mußte der Seminarleiter etwas vom biologischen Zustand und Verhalten dieses Tieres vorlesen. Jeder kannte allerdings das Wort vom »Dahinkrebsen«, was soviel bedeutet, daß alles nur ganz langsam und schwer vorangeht, bedingt durch die schwerfällige, langsame Fortbewegung. Aber häufig lohnen sich diese Arbeiten in ganz besonderer Weise, weil hier die Qualität und nicht die Quantität im Vordergrund steht.

Die Karriere des Krebses als Archetypus ist deswegen so erstaunlich, weil viele Menschen ja unbewußt dieses Tier als unheimlich ansehen. Die kräftigen Scheren können einem schon Ängste einjagen, obwohl die Tiere ja recht klein sind.

Die Naturschützer haben den Krebs wieder für die Erkennung größerer Zusammenhänge entdeckt, denn wenn der Krebs in einem Gewässer lebt, dann ist dort das Wasser von allerbester Güte. Und ein weiteres Symbol für die Sauberhaltung der Natur gibt dieses eigentlich unansehnliche Tier, weil es neben Würmern, Muscheln, Schnecken auch tote Tiere zu sich nimmt, obwohl natürlich kein Vergleich mit dem Geier oder der Hyäne gestattet ist. Der Krebs ist ferner ein Tier der Dämmerung oder der Nacht, denn am Tag hält er sich versteckt. Das war sicher auch ein Grund, warum dieses Wassertier dem Mond zugeschrieben wurde, denn das Licht der Nacht hat ja einen nachprüfbaren Einfluß auf alles Fließende.

Auch das Mütterliche, das die gängige Astrologie diesen Tieren zuschreibt, stimmt insofern, als die jungen Edelkrebse bis zu ihrer ersten Häutung an die Mutter geklammert bleiben. Die Krebse wachsen langsam, wenn ihnen jedoch der Panzer zu eng wird, dann platzt er auf. Aber darunter liegt schon der neue Panzer. Bis dieser allerdings hart geworden ist, muß sich der Krebs verbergen – ein Hinweis auf die Empfindlichkeit der Menschen, die den Archetypus Krebs in sich tragen, und daher nie allzu mutig erscheinen, weil sie Angst haben, verletzt zu werden. Mit diesem Aspekt des Krebses konnten sich einige Teilnehmer identifizieren. Manchen Leuten gelingt es, die mimosenhafte Empfindlichkeit als Schutzbedürfnis in der Umwelt auszuspielen, und die Umwelt unterschätzt häufig den Panzer, der auch zu diesem Archetypus gehört. Diese Tatsache löste viel Heiterkeit und eine »So-jemand-kenne-ich-auch«-Reaktion aus.

Der Drache am Ufer: das Krokodil

Das Krokodil ist das größte Kriechtier der Erde. Es wird auch als Panzerechse beschrieben, weil sein Panzer den Körper so schön schützen kann. Als der Referent ankündigte, daß nun der Archetypus des Krokodils besprochen werde, wandten sich alle Blicke Hella zu. Hella war eine Außenseiterin, denn sie sprach so gut wie mit keinem anderen Seminarteilnehmer. Sie hatte die Gabe, sich immer einen Platz an der Außenseite zu nehmen: War der Unterricht beendet, stand sie rasch auf und verließ den Raum. Während des Seminars schwieg sie, sprach man sie an, schüttelte sie nur den Kopf und schaute weg. Und doch hatte jeder das Gefühl: Hier liegt jemand auf der Lauer.

In der Natur ist es bestens zu sehen, wie die Krokodile, die sich tagsüber auf dem Trockenen sonnen, stumm daliegen. Aber wehe, wenn ein Tier in die Nähe kommt, das die

Gefahr nicht ahnt – dann schnappen sie unbarmherzig zu. Krokodile können Antilopen, ja sogar Giraffen oder Flußpferde töten. Durch ihre scheinbare totenähnliche Starre täuschen sie die anderen Tiere und packen sie. Ihr Gebiß ist mit das Unheimlichste, was es gibt, man kann es im Aquarium gut sehen, weil diese Tiere im Liegen den Rachen offen haben.

Wenn die Archetypus-Krokodile ein Opfer anvisieren, haben sie viel Geduld und Zeit, und sie sind überzeugt, das Opfer zu bekommen. Man spricht auch häufig von den »Krokodilstränen«, wenn man das Weinen als nicht echt ansieht. Dieser Spruch geht auf die uralte Überzeugung zurück, daß man glaubte, das Krokodil hätte Tränen in den Augen, wenn es einen Menschen gefressen habe. Da diese angeblichen Tränen und die scheinbare Unbeweglichkeit so täuschen können, meinen manche, Krokodile wären ein Sinnbild der Falschheit, was bestimmt so nicht richtig ist. Krokodile als Archetypus haben ihre ganz eigenen Ziele, über die sie nicht sprechen, die sie aber unbeirrt anvisieren. Das ist noch keine Falschheit. Wenn dies zuträfe, wäre das Krokodil nie ein Gottestier geworden.

In Ägypten wurde dem Krokodilgott Sobeck bei Kom Ombo ein herrlicher Tempel gebaut, der heute noch erkennen läßt, daß der Krokodilgott auch verantwortlich war für die Reise der Sonne durch die Nacht. Dort unten im Dunkeln lebten nach Ansicht der alten Ägypter krokodilgestaltige Dämonen, die die Sonne überwinden muß, will sie sich wieder verjüngen. In der Nähe des Allerheiligsten in Kom Ombo standen Becken, in denen lebende Krokodile gehalten wurden. Sie hatten dort auch ihren eigenen Friedhof, und nach dem Tod wurden sie einbalsamiert und mumifiziert. Heute kann man dort noch einige dieser Krokodilmumien besichtigen.

Es ist typisch für diesen Archetypus, daß diese Menschen unbeirrt daran glauben, daß sie bekommen, was sie wollen. Dies trifft auch für Verliebte und Liebende zu, die ihr Opfer im Auge haben und warten, bis es ihnen gehört – auch eine Eigenschaft, die manche stillen Ehrgeizlinge im Beruf an den Tag legen. Hella war genau so ein Typ. Doch sie gab keinen Kommentar dazu.

»Das Nest gehört mir«: der Kuckuck

Ein ganz besonderer Vogel wäre nun zu nennen, der schlecht in die Ordnung der anderen Vogeltiere paßt: der Kuckuck. Den Ruf des Kuckucks kennen wohl alle, und daher kommt auch sein Name. Mancher Aberglaube ist mit diesem Ruf verbunden, man sagt, wenn der Kuckuck dreimal »Kuckuck« schreit, dann wäre ein Verhängnis angezeigt, besonders dann, wenn das Weibchen noch dazu ihr »Kwi-Kwi-Kwi« zu Gehör bringt. Aber das sind eher Interpretationen angstvoller Leute. Natürlich hat aber alles seinen wahren Hintergrund, so auch die etwas skeptische Einstellung zu diesem Tier.

Der Kuckuck ist einmal ein Nutznießer und außerdem rücksichtslos bis zum letzten. In der Fachsprache heißt dies, der Kuckuck ist ein Brutparasit oder Brutschmarotzer. Warum? Nun, er läßt seine Eier von anderen Vögeln ausbrüten, die das Kuckucksweibchen in fremde Nester legt. Diese Eier sind zwar oft etwas verschieden von der Brut der

Wirtsvögel, aber diese merken den Unterschied nicht, und so werden die Kuckuckseier mit ausgebrütet. Der Ausdruck »Der hat mir ein Kuckucksei ins Nest gelegt« weist schon haarscharf auf den Archetypus hin. Aber das ist nur der Anfang. Der Kuckuck schlägt noch rücksichtsloser zu. Wenn das junge Kuckucksküken nämlich aus dem Ei geschlüpft ist, räumt es unbarmherzig im Nest auf. Außer den Eiern wirft es sogar die anderen Küken raus, bis ihm das Nest allein gehört. Dann können die Wirtseltern den jungen gierigen Fresser allein ernähren, so daß der Kuckuck bald flügge wird.

Ein schönes Früchtchen, möchte man da sagen. Und es fällt nun wirklich nicht schwer, dafür den entsprechenden Archetypus aufzufinden. Allerdings sind – wie in der Natur – die Schmarotzer erst sehr spät zu erkennen, denn ihre Tarnung ist tadellos. Das sind die Untermieter, die sich aufführen, als wären sie die Besitzer der Wohnung und die man nie mehr los wird, bis man freiwillig selbst auszieht. Das sind die lieben Kollegen, die Mobbing betreiben und einem den Posten abjagen, obwohl sie vorher die betreffenden Opfer mit Schmeicheleien in Sicherheit gewiegt haben.

Erstaunlich ist, daß manchmal eine gewisse neidvolle Anerkennung mitschwingt, wenn man vom Kuckuck spricht, der sich ins fremde Nest gesetzt hat.

Es versteht sich von selbst, daß sich im Seminar niemand zum Archetypus Kuckuck bekannte. Es wäre jedoch zu überdenken, ob etwas von dieser rücksichtslosen, klammheimlichen Selbstbehauptung auf Kosten anderer nicht doch als archetypisches Tier in vielen von uns lebt.

Das Tier, nach dem die Milchstraße benannt wurde: die Kuh

Auch die Kuh ist ein Tier, dessen Name gerne als Schimpfwort benutzt wird, das aber schon vor 5000 Jahren göttliche Ausstrahlung hatte. Im Ägyptischen Museum in Kairo gibt es die Hathor-Kapelle. Die Göttin ist hier als Kuh dargestellt. Auch auf anderen Abbildungen hat sie ein kuh- oder kalbsähnliches Gesicht. Hathor war allgemein beliebt. Sie stand der berühmten Isis nicht nach. Daß man sie mit dem Muttertier, der Kuh, in Verbindung brachte, zeigt, welche Wertschätzung das Rind schon damals besaß. Dieser Göttin schrieb man auch die Milchstraße zu, da sie es war, die ihre »Milch« (als himmlischer Nil) an den Himmel setzte. Hathor galt als Tochter des Sonnengottes Ré, was einen weiteren Bezug zum Himmel gab. Die großen Tempel, die dieser Göttin geweiht waren, sind heute noch zu besichtigen.

Das Rind ist das wichtigste Haus- und Nutztier der Erde. Rinder liefern Fleisch und Milch, und ohne dieses Tier hätte die Menschheit wohl kaum überlebt. Heute ist es durch den »Rinderwahnsinn« (BSE) in Verruf gekommen, aber vor 5000 Jahren wäre allerdings auch keiner auf die Idee gekommen, Pflanzenfressern Tiermehl zu geben (wodurch die Rinder erst infiziert wurden).

Dieser Vorgang zeigt, wie weit sich der Mensch von der Natur und damit vom Göttlichen entfernt hat. Die Göttin Hathor, für Liebe, Musik und Tanz zuständig, würde Tränen vergießen. Sie wurde immer als die »Glänzende« bezeichnet, doch heute dürfte der Glanz erloschen sein. Ferner galt Hathor als das Gold unter den Göttern, was ihre Besonderheit noch erhöhte. Der Archetypus Kuh müßte also Freude auslösen, aber im Vordergrund stehen Meinungen wie »die dumme Wiederkäuerin«. Nicht mehr beachtet wird, daß dieses Tier das Symbol der Mütterlichkeit schlechthin war und wieder sein sollte. Wenn eine Mutter ihrem Säugling keine eigene Milch geben kann, dann greift sie zur Milch der Kuh.

Die Verehrung der Kuh ist übrigens weltweit. Besonders geachtet ist sie in Indien, hier gilt sie als Symbol der Wärme, der Häuslichkeit und der geduldigen Ausdauer. Sie ist außerdem mehr als ein Milch- und Fleischlieferant: Sie hilft den Bauern, ihre Felder zu pflügen.

Eine Kuh strömt Ruhe und Beschaulichkeit aus. Das Kuhauge galt einst als Inbegriff der Schönheit, aber auch als Symbol für eine magische Ausstrahlung.

Im Seminar fand sich niemand, der in sich den Archetypus Kuh empfand, und die Frage tauchte auf, ob hier nicht ein intellektuelles Vorurteil manche Teilnehmerinnen oder Teilnehmer daran hinderte, sich zu diesem mütterlichen Tier zu bekennen. Die Ehrenrettung der Kuh kann vielleicht erst dann wieder einsetzen, wenn sich mehr Menschen zu diesem Archetypus bekennen, doch auch dies wird in der heutigen Zeit der Vorurteile noch eine lange Weile dauern.

Zum steten Opfer bereit: das Lamm

Ähnlich wie die Kuh – nur nicht in diesen Dimensionen – ist das genügsame Lamm in Verruf gekommen. Als Haustier ist das Schaf noch älter als das Rind, 6000 Jahre vor Christus – also in der frühen Steinzeit – wurde es schon als Haustier gebraucht. Seine archetypische Bedeutung bekam dieses Tier jedoch als Opferlamm in der biblischen Geschichte, wobei der Begriff »Lamm Gottes« (Agnus Dei) eine wesentliche Rolle spielte. Besonders bei dem Übergang vom Widder- zum Fische-Zeitalter wurde das Lamm zu einem unverrückbaren religiösen Symbol.

Bei den Juden mußte zu Ostern ein Lamm geschlachtet werden, und das Blut dieses Tieres wurde an den Wänden der Häuser verteilt, damit der vorübergehende Gott das Opfer auch erkennen konnte.

Der Herr befahl Abraham, seinen Sohn Isaak zu opfern. Als der Vater Abraham das Opfer bringen wollte, hörte er die erlösende Stimme des Herrn, daß er von dem Menschenopfer ablassen und dafür den Widder in der Dornenhecke zum Opfer auf den Altar legen sollte. Dies war ein riesiger Sprung in der menschlichen Reifeentwicklung, denn nun war das Menschenopfer durch das Lammopfer abgelöst.

Archetypisch wird das Lamm also immer mit dem Begriff »Opfer« in Verbindung gebracht, so daß es schwerfallen wird, sich zu diesem Tier zu bekennen, denn wer möchte schon gerne geopfert werden. Das Lamm ist als junges Tier zudem die Verkörperung von Vertrauen, Hilflosigkeit und Ausgeliefertsein und sollte Mitgefühl und Fürsorge in uns wecken.

Wenn das Lamm zum Opfertier wurde, muß es dem Menschen vorher unendlich viel bedeutet haben, denn ein Opfer ist nur dann etwas wert, wenn eine Kostbarkeit drangegeben wird. Das allein unterstreicht den tiefen inneren Wert dieser genügsamen, geduldigen Tiere.

Wie andere Schimpfwörter ist auch »Schaf« also im tiefsten Sinn ungerecht. Mit einem Schaf konnte eine Familie überleben. Und der Schafhirte genoß höchstes Ansehen. Immerhin ist der Begriff »Hirte« (Pastor) ja in der christlichen Religion für die Priesterschaft immer noch gültig.

Immer mit der Masse: der Lemming

Der Lemming scheint in archetypischer Sicht nur interessant, weil er das Symbol des Massenrausches am besten repräsentiert. Sicher will niemand ein Lemming sein, weil jeder eher von sich sagen möchte, er sei ein Individualist. Und doch – die Geschichte beweist es – wie schnell ist die Individualität hin, und die Masse herrscht und führt (meist) ins Unglück.

Lemminge sind Nagetiere. Man kennt es aus dem Fernsehen, daß sich diese Tiere in großen Gruppen von Felsenklippen ins Meer stürzen und ertrinken. Das hat man oft als »Todessehnsucht« gedeutet. Die naturwissenschaftliche Forschung sagt jedoch, der wahre Hintergrund sei, daß sie einfach nicht genügend Nahrung finden. Da sie sich aber zahlreich vermehren, müssen sie sich immer wieder auf den Weg machen und etwas zu fressen suchen. Sie ernähren sich von Pflanzen und Gräsern.

Auf dem Weg in ein »neues Land« schrecken die Lemminge vor keinem Hindernis zurück, sie überqueren Berge und Wälder, Flüsse und Seen, und wenn sie ans Meer kommen, meinen sie, auch das wäre zu durchschwimmen, und dabei kommen sie um.

Als Archetypus kennen wir so eine Masse sehr genau. Das

sind die Leute, die den Gurus, den Fundamentalisten oder anderen Verführern folgen, die ein besseres, gerechteres und satteres Leben versprechen. Sie leitet der innere Drang nach Befriedigung der ureigensten Bedürfnisse, die sicher nie erfüllt werden können. Aber es scheint eben vielen noch immer besser, in der Menge umzukommen, als allein seinen eigenen, schwierigen Weg zu gehen.

Ein König, der kein König ist: der Löwe

Am Beispiel des Löwen kann mit am besten der Unterschied zwischen realem Tierleben und den archetypischen Überlieferungen festgestellt werden. Es ist zu fragen: Was ist an Löwen eigentlich königlich? Einmal sind sie überaus träge, dösen oder schlafen die meiste Zeit des Tages. Die Verbindung zur Sonne, wovon die Mythen sprechen, ist auch nur bedingt, denn sie suchen im heißen Afrika meist Schattenplätze auf. Aktiv werden die Löwen nur dann, wenn sie Hunger verspüren und auf Jagd gehen. Ihre Beute: Giraffen, Zebras oder Antilopen. Durch ihr »faules« und ruhendes Leben täuschen sie die anderen Tiere – ähnlich wie die Krokodile –, die sich dann den Löwen nähern. Junge Löwen werden oft Opfer von Hyänen, großen Schlangen oder Leoparden. Die Frage also lautet: Was ist an den Löwen königlich?

Bis hierhin rutschte Ferdinand sehr unruhig auf seinem Stuhl hin und her. Schon zu Beginn dieser Seminarstunde hatte er gesagt: »Heute bin ich dran.« Nun aber meldete er sich zu Wort. Ach was, er ergriff das Wort! Wollte er damit seinen königlichen Anspruch unterstreichen? fragten sich einige von uns. Ferdinand: »Der Löwe ist das Symbol für Herrschaft. In Ägypten gab es daher die löwenköpfige Sechmet, die für den Krieg zuständig war, obwohl sie als Symbol des Morgensterns gilt. Der Zweikampf mit dem Löwen war immer die größte Mutprobe. Man denke nur an den Kampf des Herakles mit dem Löwen. Heute wissen wir: Es war ein Kampf mit sich selbst, und das hat auch mich geprägt.« Seine Aussage war sehr emotional getragen, und man spürte, sie kam aus der Tiefe seines Herzens.

Der heraklische Kampf mit dem Löwen ist schon bei der Hydra erwähnt worden – ein Kampf mit sich selbst, damit man sich beherrschen lernt. Nur wer sich selbst beherrscht, kann über andere herrschen, das bedeutet aber auch, sorgend und hilfreich gegenüber anderen zu sein und das eigene Ego hintenanzustellen. Die »Könige der Wüste« tun dies nicht. Ist die Beute in der langen Dürrezeit knapp, dann sättigen sich erst die Männchen, dann die Weibchen, und erst danach kommen die Jungen an die Reihe. Die schwachen Jungtiere verhungern und werden Opfer anderer Raubtiere, etwa der Hyänen. Ist das königlich?

In dem esoterischen Kartendeck der großen Arcana des Tarot gibt es als mittlere Karte die Karte Elf, die zeigt, wie eine weibliche Person beherrschend mit dem Löwen umgeht. Die Karte heißt »Die Kraft« und symbolisiert, daß mit der großen Kraft, die der Löwe hat und auch ausstrahlt, sehr behutsam umgegangen werden muß.

Das Symbol ist klar: Erst wenn die Kraft des Männlichen sich vom Weiblichen lenken läßt, erreicht sie ihre Hauptwirkung. Ferdinand hielt es nicht mehr auf seinem Sitz: »Das ist es – die eigene Kraft einordnen und dann einfühlsam einsetzen, das war immer mein Ziel. Ich habe nie den falschen Stolz gehabt, ein Löwe zu sein, nur weil ich es auch astrologisch bin. Ich kenne sogar Menschen, die stolz sind, sogenannte doppelte Löwen zu sein, nur weil ihre Sonne und der Aszendent im Zeichen Löwe stehen. Nein, das meine ich ganz und gar nicht.« Ferdinand hatte recht. Das Symbol Löwe hat sich völlig vom realen Löwenleben gelöst. Da aber der Löwe (mit dem Adler) das Wappentier ist, das am häufigsten Verwendung fand, war für die Menschen die Symbolik dieses Tieres sehr wichtig.

Wie sehr dieses Symbol eigene Wege ging, ist auch daran erkennbar, daß der Löwe meist aufrecht stehend gemalt oder dargestellt wurde. Zahlreiche Herrscherhäuser sahen sich in dieser dominierenden Haltung am treffendsten verkörpert, auch um Feinden Respekt einzuflößen.

Negativ steht dieser Archetypus für die machthungrigen Menschen, die andere beherrschen wollen. Wenn es nicht mit Überzeugung geht, dann stimmen sie ein löwenhaftes Brüllen an, dann werden sie cholerisch und können auf andere Argumente kaum mehr eingehen. Sie meinen, sie – und nur sie allein – sind der Mittelpunkt der Welt. Wenn sie erfahren, daß sie das nicht sind, begreifen sie die Welt nicht mehr.

Immer wird dieser Archetypus aber überzeugt sein, Ausstrahlung und Glanz zu verbreiten, was häufig stimmt. Der symbolische Löwe und die symbolische Sonne gehören zusammen. Aber auch der Vollmond wurde oft als »Löwenkopf der Nacht« bezeichnet – besonders in Afrika, wo die Menschen aus Angst Ehrfurcht vor dem Löwen empfanden. Diese große Katze verlangte aber immer eines: Respekt. Wird ihm dieser entgegengebracht, dann zeigt sich der

Archetypus meist großzügig und großmütig, zumal er in einem Punkt dem biologischen Löwen gleichkommt: Er ist nicht einer der fleißigsten und sieht es gern, wenn andere für ihn arbeiten.

Das Glückssymbol: der Marienkäfer

Der Marienkäfer bringt wirklich Glück – zumindest für den Gartenbesitzer, aber auch für den Naturfreund. Geht man allein nach den zahlreichen Arten dieses Tieres, dann wollte der Herrgott viel Glück über die Menschen ausschütten, denn es gibt über einhundert davon. Kein Tier kann dem Gartenfreund im Kampf gegen die Blattläuse so hilfreich sein wie diese Käfer.

Auffallend an diesen Käfern sind die oft zahlreichen Punkte auf ihren Rücken. Stolz ist, wer einen Käfer mit sieben Punkten bei sich im Garten sieht, nur fangen sollte man die Marienkäfer nie.

Im archetypischen Sinn ist der Marienkäfer stets ein Glückssymbol ohne alle Schattenseiten gewesen. Es gibt nun Menschen, die – ohne es zu wollen – als Glücksbringer bezeichnet werden. Sie treten bescheiden und unauffällig in einen Raum oder gehen zu einer Diskussionsgruppe. Und plötzlich, wenn die Diskussion schon sehr heftig war und auszuarten drohte, bewirkt die Anwesenheit dieser Menschen, daß sich alles glättet und wieder Harmonie eintritt. Alles das tun sie mit einer fröhlichen Sicherheit, die einfach ansteckt. Allerdings wird der Marienkäfer als archetypisches Tier in uns eigentlich nie erwähnt – dabei wäre er doch ein Vorbild für die Ausstrahlung von Freude, die man als »kleines Glück« bezeichnet.

Ein Waldmensch als Symbol des Wohlstandes: der Orang-Utan

Der Begriff »Orang-Utan« (Wald-Mensch) kommt aus der malaiischen Sprache. Das Wort »Mensch« weist schon darauf hin, daß diese Affenart – neben dem Gorilla – den Menschen am verwandtesten scheint. Die Legenden um dieses Tier sind zumindest im Abendland recht spärlich, denn es wurde offiziell erst zu Beginn des 18. Jahrhunderts entdeckt. Doch schon 70 Jahre später kamen diese Tiere in die zoologischen Gärten Europas und wurden dort bald die Lieblinge der Kinder.

Der Orang-Utan hat verhältnismäßig kurze Beine, dafür jedoch um so längere Arme. Sein langhaariges Fell ist rötlich gefärbt. Diese Tiere können sehr schwer werden, besonders die Männchen machen einen gewichtigen und gewaltigen Eindruck, wenn sie im Zoo oft stundenlang in aller Gelassenheit daliegen oder sich im Gehege fortbewegen. Was die Menschenähnlichkeit dieses Tieres unterstreicht, ist die Tatsache, daß es eher ein Einzelgänger ist im Gegensatz zum Gorilla oder zum Schimpansen.

Der Orang-Utan hält sich vornehmlich auf Bäumen auf. Hier frißt er neben den Früchten auch die Äste und Zweige. Meist ist so ein Baum nur das Quartier für eine Nacht. Am Morgen zieht er dann weiter und sucht sich einen anderen Baum als Futterquelle.

Dieser schwere, ruhige Orang-Utan, rund und immer gut genährt aussehend, ist nun im positiven wie aber auch im negativen archetypischen Sinn zum Symbol des Wohlstandes geworden. Das gilt vor allem für die Tiere, welche in einem unserer vielen zoologischen Gärten gepflegt und versorgt werden. Sie verrichten ja keine Arbeit, kümmern sich als typischer Einzelgänger auch nicht um andere Tiere, so haftet ihnen etwas Unsoziales an. Sie lassen sich von den Wärtern bedienen. Zwar essen sie nur Früchte, die sie aber sorgsam mustern, dann mit Appetit verzehren. Was ihnen nicht behagt, lassen sie liegen.

Im Zoo haben und bekommen die Orang-Utans alles was sie brauchen, und archetypisch gesehen leben sie wie eine fette Made im Speck. Allein ihre Augen beobachten ihre Umgebung sehr aufmerksam, als wollten sie das Revier hüten.

Es erscheint wie ein Witz der Weltgeschichte, daß die Lebensräume dieser satten Tiere immer kleiner werden, wie auch der allgemeine Wohlstand kaum mehr in die heutige Zeit paßt. Die Waldmenschen werden wohl auf die Dauer nur noch in der Gefangenschaft überleben. Dies mag ein archetypisches Symbol für all die Personen sein, die sich im eigenen Wohlstand gefangen haben. Ein Tier malt uns die Folgen des Wohlstandes aus – ein Archetyp also, der aktueller ist denn je. Im Zoo staunt und lacht man über das gewaltige Ungetüm. Es wird allerdings selten vorkommen, daß sich jemand spontan zu diesem Urbild bekennt.

Keiner balzt so schön wie er: der Pfau

Dieser Archetypus ist sehr weit verbreitet – und zwar bei Frau und Mann. Nur bekennen sich die wenigsten dazu. Wer will sich schon nachsagen lassen, er (oder sie) spreize sich wie ein Pfau, wenn jemand vom anderen Geschlecht auftaucht? Dabei ist es ja schön, wenn man sich in Schale wirft, um zu werben. Natürlich reicht keine äußere Aufgeblasenheit, auch innerlich muß ich mich von der schönsten Seite zeigen, um eine Frau oder einen Mann auf mich aufmerksam zu machen. Wer sich von der besten Seite zeigt, hat die besten Chancen. Der Pfau führt uns dies eindrucksvoll vor: Er schlägt sein Rad, um auf sich aufmerksam zu machen. Das war schon immer so, auch in der Antike, denn der Pfau gehört mit zu den ältesten Haustieren des Menschen, wenn er seinen Haltern auch nicht soviel Nutzen bringt wie andere Haustiere.

Er stammt aller Wahrscheinlichkeit nach aus Indien, und sein Rad, das die Farben spiegelt, die uns das oberste Gestirn geschenkt hat, wurde oft mit der Sonne verglichen. Im Islam stellt der Pfau mit seinem Rad sogar das Weltall dar. Weltlich kommt die Pfauenverehrung darin zum Ausdruck, daß man in Persien den Thron des Schahs auch als Pfauenthron bezeichnete.

Ohne sein Rad, das das Männchen je nach Bedarf in der Balzzeit aufschlagen kann, wäre der Pfauenhahn kaum zum Archetyp geworden. Denn das Rad symbolisiert nicht nur das Weltall, nicht nur die kreisförmige Bewegung von Mond und Sonne am Himmel, sondern auch das irdische Rad des Wagens. Erst nach seiner Erfindung als Mittel zur Fortbewegung begann die Zivilisation. Das Rad – vom Himmel abgesehen – war eine der entscheidendsten Errungenschaften in der menschlichen Historie.

Unterstrichen wurde die Bedeutung des Pfaus durch die blaue Farbe des Leibes, die sowohl an den Nacht- wie an den Taghimmel erinnert. Die ganze menschliche Geschichte hindurch wurde der Pfau als Ziervogel gehalten, besonders in den fürstlichen Gärten oder in Parks, um die Schönheit der Welt zu betonen.

Hinzu kommt noch der aufrechte, etwas gestelzte Gang, der notwendig ist, wenn das Rad geschlagen wird. Dadurch wirkt der Vogel stolz, eitel und majestätisch. Kein Wunder, daß sich dieses Tier förmlich zum Archetypus entwickeln mußte.

Er wird meist Männern zugesprochen. Die Umwelt ist rasch mit der Typisierung zur Hand. Bei sich selbst wurde der Pfau von den Befragten höchstens als Archetyp Nummer zwei eingeordnet. Nun, warum nicht! Mit ihm richten sie kein Unheil an und verschönern auf ihre Art die Umgebung. Spott nehmen sie in Kauf!

Vom Urwild zum Dichtersymbol: das Pferd

Als der Archetypus Pferd anvisiert wurde, meldeten sich gleich drei Seminarteilnehmer, die meinten, jetzt wären sie angesprochen. Die nachdenkliche Helga, die stolze Maria und der etwas versponnene Wolf. Nun berührt das Pferd ja die Menschen sehr tief, vor allem das Symbol des Kentauren: der Mensch, der aus einem Pferd herauswächst und Lehrer von Fürsten und Gottessöhnen wird. Das Kentaur-

Symbol sagt aber zuerst einmal, daß der Mensch die Aufgabe hat, aus seinem tierischen, von Trieben geplagten Leib herauszuwachsen. Betrachtet man die Menschheit heute, gelang dieses Herauswachsen vielleicht nur minimal, aber dem Menschen gelang es, sich auf dieses Tier zu setzen. »Und das Tier damit zu zähmen«, warf Maria, eine leidenschaftliche Reiterin, ein. »Ein Pferd zu beherrschen heißt erst einmal, sich selbst im Griff zu haben.«

Nun meldete sich Wolf zu Wort: »Ist es nicht wundersam, daß ein Pferd zu einem Symbol der Dichtung geworden ist? Der Pegasus, der aus der Unterwelt der Medusa ans Licht und in den Himmel sprang! Symbol dafür, daß das Pferd dem Menschen Vorbild war für Beweglichkeit und den inneren Drang, selbst den Himmel zu erreichen.«

Dann war Helga an der Reihe: »Und bei allen diesen idealistischen Symbolen war und blieb das Pferd doch ein Arbeitstier, das bereit ist dem Menschen zu dienen. Heute ist es eigentlich in unseren Breiten nur dazu da, das Ansehen der Menschen zu erhöhen, denn wer ein Pferd besitzt oder auf einem Pferd reitet oder jagt, der gilt als Angehöriger einer höheren Klasse. Das Pferd ist auch ein Symbol für Snobismus.«

Damit waren die vielen verschiedenen Pferdearten angesprochen. Die Warmblüter (was nichts mit der Bluttemperatur zu tun hat), die vorwiegend als Reitpferde Verwendung finden, dann die Arbeitspferde, die meist zu den Kaltblütern zählen, aber auch die heute so beliebten Ponys. Der Archetypus Pferd muß also genauer differenziert werden.

In den antiken Symbolen spielt dies allerdings keine Rolle. Der Pegasus war sicher flink, der Kentaurleib sicher schwer, und die Pferde, die in den Märchen im letzten Moment als Helfer auftauchen, sind als Mischung zwischen flink und bedächtig anzusehen.

Maria sah sich als Warmblüter, Helga als Kaltblüter, während Wolf von diesen Unterscheidungen nichts wissen wollte und alles auf die archetypischen Überlieferungen setzte. Wolf machte dann noch auf den Schimmelreiter aufmerksam, und betonte, daß es der Schimmel war und nicht der Reiter, dem der abenteuerliche Ritt gelang. Der Schimmel wurde häufig als Bote des Himmels angesehen – es waren wohl Schimmel, die den sagenhaften Himmelswagen zogen. Daher ist es rückblickend auch kein Wunder, daß viele Heilige reitend den Menschen begegneten. Der heilige Martin mag dafür ein Beispiel sein.

Oft – vor allem in China – wurden Pferde mit ihren verstorbenen Fürsten begraben, weil dies die sicherste Garantie dafür war, daß die Seele dieser Menschen in den Himmel getragen wurde. So wurde das Pferd zum entscheidenden Führer (Kentaur) nicht nur der Menschen, sondern auch der Götter.

Das Glück, welches die Pferde bringen, versuchen die Menschen festzuhalten. Da genügen oft auch Hufeisen. Allerdings müssen die Hufeisen richtig aufgehängt werden! Wenn die Öffnung nach unten zeigt, fällt das Glück heraus.

Das Pferd wurde vor allem wegen seines Instinktes hoch eingeschätzt, unsere Vorfahren meinten sogar, dem Roß hafte eine gewisse Hellsichtigkeit an. Das alles mag übertrieben sein, doch als Schutzgeist hat das Pferd eine uralte Tradition. Je höher man in den Norden kommt, um so mehr sieht man an den Häusern Pferdeköpfe, die Giebel zieren. Heute sind es Holzschnitzereien, früher waren es Pferdeschädel von gestorbenen Tieren.

Das Pferd ist Symbol für einen Herrschaftsanspruch, für Würde und bescheidenen Stolz sowie Sinnbild des Noblen. Durch Jahrtausende hatte es seinen Platz an der Seite der Menschen, unentbehrlich, vertraut oder kampfbereit. Wenn der Archetypus Pferd dies im Menschen zum Klingen bringt, was der Fall ist, dann spricht das für die unbedingte Bereitschaft, für einen anderen dazusein.

Hoch im Norden, immer im Frack: der Pinguin

Vom Pferd zum Pinguin, das ist schon ein gewaltiger Sprung. Aber eines haben die beiden so verschiedenen Tierarten doch gemeinsam: die Würde. Schon Kinder im Zoo bewundern die Pinguine, wie sie korrekt gekleidet in ihrem Frack auf zwei Beinen stehen und somit an Menschen erinnern.

Pinguine haben kurze und breite Flügel, die sie aber zum Schwimmen gebrauchen. Sie können folglich nicht schnell davonfliegen, wenn Gefahr droht. Aber dafür suchen sie sich einen Brutplatz aus, wo es keine Raubtiere gibt. Wenn sie jedoch im Meer schwimmen oder tauchen, können sie durch Robben gefährdet sein.

Besonders schön und auffallend gezeichnet sind die Königs- und die mit ihnen verwandten Kaiserpinguine. Allein diese Namensgebung zeugt schon von der Bewunderung, die man diesen Tieren stets entgegenbrachte. Es gibt größere und kleinere Arten, aber alle machen einen sehr gravitätischen oder possierlichen Eindruck.

Der Archetypus betont hier zuallererst die Fähigkeit, Haltung zu bewahren. Er lebt in den Menschen, denen die äußere Korrektheit sehr viel wert ist, denn »wie's da drinnen aussieht, geht keinen was an«. Sie fordern zum Pinguin-Vergleich auf, weil sie leicht gespreizt und übertrieben wirken. Wie dem Pinguin der Frack verleiht ihnen ihr Benehmen etwas Altväterliches.

Oft wirken diese Menschen viel würdevoller, als sie eigentlich sind, daher ist es am besten, wenn sie möglichst lange schweigen. Wenn sie anfangen zu diskutieren, zerfällt recht schnell das so eindrucksvolle Bild ihrer Persönlichkeit.

Der Unglücks-Rabe

Der Rabe hat einen schweren Stand, wenn es gilt, die liebevolle Achtung der Menschen zu erringen. Die Raben leben in Waldgebieten oder im Hochgebirge, und wenn sie zu den Menschen kommen, dann haben diese Angst, daß sie ihnen Unglück oder Leid verkünden. Daher kommt es wohl, daß der Rabe als Tier der Hölle angesehen wurde. Als Begleitvogel des germanischen Obergottes Odin galt er gar als Todesdämon. Die Raben Odins hießen Hugin und Munir, und da sie als Symbole für das dunkle (also verdrängte) Wissen standen, erinnern sie immer wieder an noch nicht abgeurteilte Taten. Raben, meinte man, wären Schwätzer. Und Odin verlangte von ihnen auch Botschaften und Warnungen aus aller Welt. Doch jede Welt zeigt sich leidvoll und grausam – was gibt es schon Schönes zu berichten?

Außerdem sagt man den Raben nach, daß sie die Jungen

aus ihrem Nest werfen. Das muß ja nun noch nichts Böses sein, sicher ist es gescheiter, ehe sich die Jungen für ewig im Familiennest einnisten. Aber die Menschen urteilen anders, so daß der Ausdruck von den »Rabeneltern« heute geläufig ist, wenn dieses Wort auch voller Vorurteile sein mag.

Rabenarten, die aus dem Hochgebirge kommen, wurden einst als »die von Jenseits der Berge« bezeichnet. Damit war später dann aber oft das Totenreich gemeint – Worte können viel heraufbeschwören. Die Indianer sehen diesen Vogel dagegen auch als Heilsbringer an, denn im Jenseits lernt man mehr als anderswo. Und weil der Rabe auch Totes – vor allem Aas – frißt, weiß er von dem, was krank macht.

So jagt dieser Vogel also den Menschen eine große Angst ein. Seit alters glaubt man: Kreisen Raben über einem Haus, dann scheint das Unglück sehr nah zu sein, denn dies galt als Ankündigung von schwerem Unheil, das nicht mehr abzuwehren ist. So mag auch der Ausdruck »Unglücksrabe« entstanden sein.

Aber in manchen Sagen verkörpern diese Tiere die Wiedergeburt. Denn: Wer schon im Jenseits war und von dort hergeflogen kam, der kennt den Weg vom Jenseits zurück ins Diesseits. Dies wird jedoch beim Archetypus kaum berücksichtigt. Welche Menschen haben denn diesen Archetypus? Viel mehr, als man zunächst denken möchte. Es sind die Schwarzseher – Menschen, denen immer nur das Schlechte auffällt. Die Pessimisten, deren Glas immer schon als halb leer, nie als halb voll erscheint, leben mit dem Raben-Typus in sich; die geborenen Kritiker, die nur Freude empfinden, wenn sie die Made im Speck aufgespürt haben.

Diese Menschen können einem leid tun. Scheint die Sonne, nähert sich für sie das nächste Unwetter mit Sicherheit. Sie können nicht helfen und wollen keine Hilfe geben oder gar empfangen: »Es hat ja doch alles keinen Zweck.« Der blaue Himmel täuscht, die innere Sonne ist eine Erfindung von Optimisten und wer heute noch keinen Unfall gebaut hat, der wird mit Sicherheit morgen einen Rettungswagen benötigen.

Man wird diese Menschen kaum lachen sehen, und wenn, dann nur aus Schadenfreude. Dieser Archetypus ist heute sehr ansteckend und leider nie ausrottbar.

Das Tier, das Buddha an den Himmel setzte: die Ratte

Finanzamt Frankfurt, Abteilung Steuerfahndung. Ein Mann war in dieser Sektion besonders erfolgreich. Man nannte ihn scherzhaft »die Ratte«. Wie es zu diesem etwas bissigen Spitznamen kam, wußte keiner genau. Er wollte immer nur die »Vorräte« anknabbern und denen wegnehmen, die sie horten. Mit »Vorräte« war Kapital gemeint, das schlau beiseite geschafft wurde. Aber »die Ratte« war schlauer. Den Steuerbeamten störte es auch wenig, daß er »Ratte« gerufen wurde, er empfand es als Ehre – im Gegensatz zu fast allen anderen Menschen.

In China erzählt man sich die Legende, daß Buddha im Wald saß und alle Tiere zu sich rief. Aber manche schliefen, andere fraßen gerade, einige gingen der Paarung nach, der Rest vergnügte sich anderweitig. Nur die Ratte hörte den Ruf des Gottes und eilte sofort zu ihm. Als Buddha bemerkte, daß es gerade das erdgebundene Nagetier war, welches als erstes zu ihm kam, hob er die Ratte als wichtigstes

Tier in den Himmel. Die chinesische Astrologie kennt seitdem das Jahr der Ratte, das als besonders erfolgreich gilt. Die Ratte war so zum Leittier der anderen Jahressymbole geworden, stand vor dem Drachen, dem Büffel, dem Tiger, der Schlange und dem Pferd. Die Ratte zeichnet sich in der chinesischen Astrologie durch einen kritischen Verstand aus, versteckt ihre Aggressivität mit Charme, hat viele Ideen, ist aber recht verschlossen.

Als Nagetier, das mit der Maus verwandt ist, macht sie besonders Frauen angst, die sie am liebsten »mausetot« sehen. Auch unserer »Finanzamtsratte« galten immer wieder solche Wünsche. Aber ein Nagetier, das die Gabe hat, alle Gefahren als erstes zu erkennen, läßt sich davon nicht beeinflussen. Die Ratte verläßt eben als erste das sinkende Schiff, was ja eine besondere Gabe darstellt. Und wer die Ratten fangen kann, der stand einst in hohem Ansehen und dem war es zuzutrauen, auch Menschen zu »fangen«. Man denke nur an den »Rattenfänger von Hameln« – eine Sage, in der viel Tiefe zu entdecken ist.

Im Abendland wurde die Ratte meist als Geselle des Teufels angesehen. Wenn Unglück nahte, Seuchen und Pest ausbrachen, war die Ratte zur Stelle, zumal diese Tiere die Erreger übertragen. Der Archetypus Ratte ist im Abendland nicht gern gesehen, so bei vielen Betroffenen auch unser Steuerfahnder nicht. Verschlagen, grausam, widerwärtig sind die Eigenschaften, die man allgemein diesem Archetypus zuschreibt. Dabei vergißt man die positive Seite: daß die »Rattenmenschen« nämlich ungeheuer fleißig sind. In der Natur geht dieses Tier den ganzen Tag über auf Nahrungssuche. Dieser Archetypus lehrt uns einen vorsichtigen Umgang mit dem eigenen oft angeborenen Vorurteil.

Aber freiwillig identifiziert sich bei uns niemand mit diesem Tier in sich.

Scheu, aber munter: das Reh

Es mag wundersam sein, daß es in dieser so enorm emanzipierten Welt noch so viele »scheue Rehe« gibt. Ein Archetypus stirbt nicht über Nacht aus, noch verändert er sich so schnell.

Das Reh war vor allem in den märchenhaften Überlieferungen ein Tier der Holle oder, wie sie im Märchen heißt, der Frau Holle. Frau Holle war die wissende Alte, die auch als schlaue Katzenfrau bezeichnet wurde. Sie war die geheimnisvolle Zauberin, die Waldfrau, die Brunnenfrau und das Moosweibchen. Sie war da zu Hause, wo Menschen kaum lebend hinkommen. Frau Holle sammelte auch die Seelen der Verstorbenen ein, um sie später durch ihr Tor zu neuem Leben auszuschicken.

Zu der Frau Holle gehört nun als Locktier das Reh. Sicher ist das Reh scheu, und wenn irgend etwas Unbekanntes auftaucht, dann versteckt sich dieses Tier, aber doch so, daß es auch lockt, ihm in den tiefen Wald zur Holle zu folgen. Zur Frau Holle paßt auch, daß das Reh tagsüber kaum zu sehen ist, es wartet die Dämmerung ab, ehe es aus den Dickichten zur Nahrungssuche hervorkommt. Es ist die Ricke – das weibliche Tier –, das seinen Archetypus vererbt hat. Und es sind die Männer, die sich immer wieder von dem grazilen, scheuen, aber doch sehr munteren Rehlein anziehen lassen. Viele Trinklieder wissen davon zu berichten.

In Westpreußen soll es das Reh- und Jägerspiel gegeben haben, das von Verliebten und Verlobten gespielt wurde. Hier weckt das »scheue« Reh alle Liebeswünsche des jagenden Helden. In Märchen, Mythen und Sagen lockt dieses Tier die jungen Helden aber auch oft ins Ungewisse. Der junge Jäger erhofft sich, folgt er den Spuren ins Dunkle, neues Wissen, klärende Erkenntnisse. Ihn treibt eine unbestimmte Sehnsucht nach inneren Abenteuern, nach Erfüllung seiner Träume, nach Ferne, nach ständiger Horizonterweiterung. In manchen Gegenden war der Rehbock ein Symbol der Wiederverkörperung, weil er alljährlich das kurze Stangengeweih abwirft, das sich allerdings immer wieder neu bildet.

Im Seminar hatten wir so ein fragiles Wesen, es war Hanna, die aber ihre Scheuheit (unbewußt) einsetzte. Sie flirtete der Reihe nach mit allen Männern und auch mit allen weiblichen Seminarteilnehmerinnen. Es war der Moment gekommen, da sie nun auf das Reh angesprochen wurde. Ihre Antwort bestand zunächst in einem recht geheimnisvollen Lächeln, womit sie sich nach Meinung aller anderen am deutlichsten verriet. Als man ihr das direkt ins Gesicht sagte, meinte sie nur: »Wenn ich es mir überlege, ein Teil von mir könnte das scheue Reh sein. Aber niemals ist es dieser Archetypus allein!« Schon spürte jeder, daß sie uns umgarnen und verwirren wollte. Um es vorauszunehmen, diese Lockung hatte auch Erfolg, wie wir noch feststellen werden. Die Diskussion, ob es nur einen Archetypus gibt, war durch dieses »Reh« in Gang gekommen, was aber erst später konzentriert behandelt werden soll.

Was hat er mit dem Feuer zu tun? der Salamander

Sicher, es gibt die Feuersalamander, die meist rote Flecken aufweisen. Aber der Name dieser Schwanzlurche – dazu gehören die Salamander – hat mit dem Feuer direkt nichts zu tun. Und doch: Männer, die Ölbrände löschen, werden voller Achtung als »Salamander« bezeichnet. Wenn auf Ölfeldern in Amerika oder in Arabien die Pipelines brennen, dann kommt der Salamander-Spezialtrupp, der besonders ausgerüstet ist, um die gefährliche Arbeit zu verrichten. Dies führt uns in die Urgeschichte zurück, wenigstens im archetypischen Sinn. Es gibt auch viele Hinweise zoologischer Art, daß dieses Tier sogar von Sauriern abstammen könnte. Zumindest war man dieser Ansicht in der klassischen Antike, als diese Tiere den Drachen und Lindwürmern zugeordnet wurden. Das mag heute ein Lächeln hervorrufen, denn die Salamander, die wir kennen, werden nur bis zu 28 Zentimeter lang. Und sie fressen kleine Kriech- und Weichtiere und Insekten.

Wenn man sie sich allerdings sehr vergrößert vorstellt, dann kann man verstehen, welchen Respekt die Menschen früher vor den Salamandern hatten. Man spürt etwas von den urweltlichen ersten Erscheinungsformen dieser Tiere, die auch aus einem Feuer heil herauskommen können.

In ihnen, so meinte der Mensch seit der Antike, leben alte Urkräfte, und sie stellen ein Symbol für Beständigkeit und Dauerhaftigkeit dar. Da ist der Weg nicht weit, sie als Glückssymbol anzusehen. Nicht ohne Grund gibt es so viele Schmuckstücke, die Salamander darstellen, was besonders die Frauen anzuziehen vermag.

Aber der Archetypus Salamander ist eindeutig ganz

männlicher Art. Er weist auf die Rettung durch Salamander hin, die sogar das zerstörende Element des Feuers besiegen können. Mit dem Feuer – das muß man wissen – bekam der Mensch das erste und entscheidende Machtinstrument in die Hand. Feuer hieß Überleben. Als die Vorfahren lernten, mit Steinen Feuer zu schlagen, waren sie damit jedem anderen Lebewesen auf der Erde überlegen. Aber mit dem Feuer ist es so wie mit dem Besen des Zauberlehrlings: Nicht jedes Feuer ist ohne weiteres beherrschbar. Man merkt es heute ganz besonders bei den riesigen Waldbränden, von denen im Sommer regelmäßig berichtet wird, und man sieht es an den brennenden Ölquellen.

Auch früher gab es verheerende Brände. Dennoch oder gerade deshalb hatte es immer etwas äußerst Anziehendes, Verlockendes. Jeder weiß um die Manie, die manchen Feuerwehrmann erfaßt, wenn er vom Feuer hört. Feuerwehrleute haben sogar beim Anzünden selbst Hand angelegt, um dann den Brand löschen zu können und als Helden zu erscheinen. So sind die Salamander ein Symbol für die, welche das Feuer oft unter Einsatz ihres Lebens besiegen. Und vom realen Feuer mal abgesehen, gibt es viele flammende Situationen, so daß man im Streit, bei der Blutrache, beim Krieg kluge Köpfe benötigt, die das Feuer löschen, das Menschen zu vernichten droht.

Der Archetypus Salamander hat immer die Aufgabe, Unheil zwischen Menschen zu verhindern. Unterschwellig übt er eine erotische Faszination aus, da er auch einen Brand der Gefühle zu entfachen und zu löschen vermag.

Immer langsam voran: die Schildkröte

In einer Fragestunde im Seminar meldete sich Silke zu Wort: »Ich finde die Suche nach dem archetypischen Tier in uns höchst interessant und auch unterhaltsam. Trotzdem möchte ich eine Anregung geben. Schon zu Beginn hatte ich eine Idee, die mich seitdem ununterbrochen beschäftigt. Das ist der Wunsch nach einem Archetypus. Ich wäre gerne eine Schildkröte ... bin es aber nicht.«

Da war ein neuer Aspekt hereingebracht. Silke schilderte ihr Schicksal: daß in ihrem Leben soviel auf sie hereingeprasselt sei, daß sie sich erst einmal einen Panzer wünschte, um nicht innerlich zu tief getroffen zu sein. Und dann berichtete sie, daß sie immer auf Trab gehalten wurde, aber als sie in ein Exotarium kam und miterlebte, mit welcher Ruhe die Schildkröten da ihre Tage verbringen, war sie hingerissen. »Dieses Beispiel ließ mich nicht mehr los, und ich kaufte mir sogar drei Schildkröten, um stets an diese Ruhe erinnert zu werden«, sagte sie. »Das lange Leben dieser Tiere hat mich nie interessiert, aber ihre Geduld, ihr Geschütztsein.« Das klang fast wie ein Hilferuf.

»Die Schildkröten haben jedoch eine große Gefahr«, warf nun der Seminarleiter ein, »sie werden gejagt und getötet. Die Galapagos-Riesenschildkröten, die einst in unglaublichen Mengen auf den gleichnamigen Inseln vorkamen, sind mehr als reduziert worden. Diese Tiere können nur noch überleben, wenn ein Landstrich wegen der gefährdeten Pflanzen- und Tierwelt zum Naturschutzgebiet erklärt wird. Schildkröten haben etwas Archaisches an sich, oft scheint es so, als wenn sie gar nicht mehr in die heutige Zeit passen.« Darauf Silke: »Eben, in die Hektik von heute passen sie sicher nicht.« Dann leise: »Ich wohl auch nicht.«

Liegt es daran, daß diese Tiere so sparsam mit ihren Kräften umgehen, daß sie bis zu 125 Jahre alt werden können? Sind es ihre ruhigen Bewegungen, die oft an Faultiere erinnern? Oder ihre Art, die Nahrung zu sich zu nehmen, die aus Blattwerk und Früchten, Schnecken, Insekten und auch totem Fleisch besteht?

»Aber«, wurde gerufen, »wer möchte schon sein Leben lang nur kriechen?« Pause. Dann Silke: »Ich habe soviel auf meinen Kopf bekommen, daß ich nur noch kriechen kann, also das würde mich nicht stören.« »Mich aber«, so ein weiterer Zwischenruf, »würde stören, Angst zu haben, gejagt zu werden, weil man mein Fleisch als Delikatesse verkauft und aus meinem Panzer Schmuck oder Gebrauchsgegenstände anfertigt.« Dies alles hatte Silke nicht bedacht. »Das gilt für die Tiere draußen. Das stimmt. Nein«, da lächelte sie etwas, »dann wünsche ich mir eben, eine Heimschildkröte zu sein.« Die Frage war natürlich, ob sich diese Tiere wirklich in der Gefangenschaft wohl fühlen?

Das Ganze war jedenfalls ein Beispiel dafür, daß durchaus auch die Sehnsucht zu einem bestimmten Archetypus in uns leben kann. In Silke lebte ihrer Meinung nach sehr viel stärker das Opferlamm, so kann man ihre Sehnsucht nach dem Panzer der Schildkröte und deren archaische Ruhe durchaus verstehen.

Das verfluchte Tier: die Schlange

»Weil du das getan hast, bist du verflucht unter allem Vieh und allen Tieren des Feldes. Auf dem Bauch sollst du kriechen und Staub fressen alle Tage deines Lebens.« So sprach Gott, der Herr, zur Schlange (Gen 3,14).

Was hatte die Schlange getan, daß sie diesen Fluch verdiente? Nun, sie verführte Eva, vom Baum der Erkenntnis zu essen. Eva hatte zwar Angst, dann des Todes zu sein, aber die Schlange wußte, daß dies nicht der Fall sein würde. Die Schlange war immer ein Symbol der Erneuerung, des Weiterlebens (Häutung). Damit gehörte sie zum Mond, der allmonatlich am Himmel zeigt, daß er – nachdem er »gestorben« ist – am dritten Tage aufersteht. Mit diesem Wissen verführte die Schlange Eva und büßte dafür.

»Feindschaft setze ich zwischen dich und die Frau« (Gen 3,15). Feindschaft, ja – äußerlich –, aber in vielen Frauen lebt die Schlange weiter, als Archetyp aber auch als Heilsbringerin. Zwar wird der Ausdruck »Schlange« manchmal als Schimpfwort gebraucht, aber teils auch als Anerkennung, und welcher Mann will nicht wenigstens einmal im Leben etwas mit einer faszinierenden Schlange zu tun haben …

Die Schlange ist einer der ältesten Archetypen schlechthin, weil in ihr auch die Hoffnung lebt, daß zumindest die Seele sich häuten, also weiterleben kann. Die Hoffnung auf die Wiedergeburt, die sich häufig in großer Verehrung der Schlange manifestierte, lebt im Menschen, auch wenn die Realisten dies als Unsinn abtun. Andererseits ist der Biß der Schlange oft tödlich. Beides zusammen ergibt einen Sinn, wenn wir an den freiwilligen Tod der Kleopatra denken.

Kleopatra tötete sich durch einen Schlangenbiß. Der Tod durch ein unsterbliches Tier mußte ja, wenn nicht die Unsterblichkeit, so doch die Wiederauferstehung garantieren.

Die meisten Pharaonen bedienten sich der Schlange als Herrschaftssymbol. Nicht ohne Grund trugen sie oben an ihrem Stirnschmuck den Kopf der aufgerichteten Kobra. Die Königskobra kann bis zu vier Meter lang werden und ist somit die größte Giftschlange der Welt. Die Pharaonen meinten, daß das Bild der Kobra alle Feinde erstarren ließe. Ihr Biß ist so tödlich, daß der Mensch innerhalb von Minuten stirbt. So wurde diese Brillenschlange gefürchtet, aber auch geehrt.

Es waren die Griechen, die vor 3000 Jahren erkannten, was später der große Paracelsus formulierte, als er meinte: »Alles ist Gift, es kommt allein auf die Dosis an, ob ein Ding Gift ist oder nicht.« So bereiteten die Griechen aus dem Gift der Schlangen Heilmittel. Das Gesundheitszentrum von Epidaurus war fast ganz auf die Heilkraft der Schlange ausgerichtet. Der Gesundheits-Gott war Asklepios, der Sohn Apollons. Zum Zeichen seiner Heilkraft trug er einen Stab, um den sich eine Schlange windet. Noch heute gilt dieses Symbol als medizinisches Zeichen und wird die Äskulapnatter genannt. (Äskulap ist der römische Name von Asklepios.) Asklepios vermochte selbst Tote zum Leben zu erwecken, was die Götter – besonders Hades, der Gott der Unterwelt – als Anmaßung empfanden. Durch einen Blitz des erzürnten Zeus mußte der Schlangengott selbst in die Unterwelt herabsteigen, aber er stieg wieder aus ihr auf. Noch heute steht das Schlangengift als Medikament mit an vorderster Stelle, besonders in der Homöopathie.

Einen besonderen Ruf hat auch der Python, der als Riesenschlange sehr lang werden kann. Archetypisch ist die Pythonschlange das Symbol der wichtigsten Orakelstätte der Antike: Delphi. Delphi war ein Reich des Python. Apollon mußte diese Schlange besiegen, die mit der Erdmutter Gäa in enger Beziehung stand, ehe er die Herrschaft von Delphi übernehmen konnte. Die Mutter Erde beschwerte sich bei Zeus über den Tod des Python, so befahl dieser, daß Apollon sich nun Reinigungsriten unterziehen mußte, da er etwas Unreines getan hätte. Delphi war ein Erdorakel, die weissagende Pythia schöpfte aus der Tiefe, wohin sich der Python zurückgezogen hatte.

Auf der ganzen Welt war die Schlange einst hoch angesehen: in Japan, in China, in Indien, in Afrika und in Europa. Auch die Mayas sahen in diesen Tieren Symbole der Unsterblichkeit. Der Fluch der Bibel tat der Verehrung dieses Reptils keinen Abbruch. Höchst gelobt wurde immer ihr Instinkt. Letzterer brachte die Schlange besonders mit der Frau in einen Zusammenhang, denn den Frauen wurde stets mehr Instinkt zugetraut als den Männern.

ie Schlange gehört zur Eva wie zur Göttin Athene. Eule und Schlange sind folglich Symbole der Weisheit. Bei der Schlange kommt die Weisheit allein aus dem Urinstinkt, denn ihr Gehirn ist winzig und kaum der Beachtung wert.

Der Archetypus Schlange geht aber noch über das Symbol der Auferstehung, der Heilkunst und des Orakels hinaus. Sie ist seit ihrem Auftreten im Paradiesgarten Eden vor allem das Sinnbild der Verführung, das heute noch in sehr vielen Frauen lebt.

Die Schlange hat eine erotische Ausstrahlungskraft. Manche Frauen, die Männer verführen wollen, ob beruflich (Prostitution) oder privat, kleiden sich in Leder, um schlangenhaft zu wirken. Und diese Kleidung scheint ihren Zweck zu erfüllen. Gut, das mag äußerlich erscheinen, aber die Schlangenverführung lebt irgendwie in jeder Frau. Man kann sagen, daß Eva ein Teil der Schlange war, denn es ging ja um die Verführung von Adam. Und dies gelang, da war selbst der Herrgott machtlos. Insofern stimmt der Fluch in der Genesis nicht, daß Feindschaft zwischen der Schlange und der Frau herrschen solle, im Gegenteil: Die Schlange hat archetypisch die Frau erobert, hat das weibliche Urwesen fest im Griff. Im Seminar gab es ob dieser Feststellung keinen einzigen Protest, weder von den ganz jungen noch von den älteren Frauen. Fritz sagte nur: »Gut das zu hören, ich bin gewappnet.« Der Seminarleiter war sich sicher, daß Fritz damit mehrere Schlangen auf den Plan gerufen hatte und daß er bald einer erliegen würde.

Der wunderschöne Schädling: der Schmetterling

Im Schmetterling manifestiert sich der Archetypus der Wiedergeburt, der Reinkarnation. Viele Tiere haben einen Bezug zum seelischen Weiterleben, aber beim Schmetterling geht es auch um die körperliche Wiedergeburt, was sicher auf die Skepsis mancher nachdenklicher Köpfe stößt. Doch wer mit der Reinkarnation zu tun hat, wer daran glaubt und andere davon überzeugen will, der bringt gerne das Beispiel von den vier Lebensformen des Schmetterlings.

Wie alle Insekten legen auch die Schmetterlinge Eier – die erste Stufe des Lebens. Aus den Eiern schlüpfen Larven, die bei den Schmetterlingen Raupen genannt werden. Diese

Raupen nun sind die Schädlinge, denn sie vernichten kostbares Pflanzengut von Laub- und Nadelbäumen (je nach Art). Die Raupen waren die zweite Lebensform, die sich nun in Puppen, in die dritte Lebensform, verwandeln. Als Puppe überwintern die kommenden Schmetterlinge, denn es vergeht einige Zeit, ehe diese Tiere ausschlüpfen. Im Inneren der Puppe – und darauf verweisen die Reinkarnationstherapeuten besonders gern – findet eine große Verwandlung statt. Wenn die Puppe stirbt, indem sie aufplatzt, schlüpft der fertige, meist wunderschöne Falter heraus. Die Inkarnation ist nun mit der vierten Lebensform beendet. Da es über 100 000 Arten in der Welt gibt, kann nun jeder, der will, hier seinen Reinkarnations-Archetypus differenzieren.

Der Schmetterling scheint einen verbreiteten Archetypus der Menschen zu symbolisieren. Einmal lieben es viele Menschen, sich leuchtend bunt, auffallend und schön zu kleiden, doch noch lebhafter ist der Wunsch ausgeprägt, von Blüte zu Blüte zu fliegen, und es sich da gutgehen zu lassen.

Der Schmetterling ist sicher kein Symbol für Treue und Beständigkeit – im Gegenteil. Mag sein, daß durch eine lange (vorkarmische) Entwicklung, die sicher nicht leicht war, der Wunsch, das Leben zu genießen, sich immer stärker manifestierte.

Dieses Verlangen nach Freiheit und Unkonventionalität betrifft sowohl die Weibchen wie die Männchen. Deswegen bietet dieses Tier auch viel Trost für Leidende oder Kranke, die sich oft sehr freuen, wenn sie einen schönen Schmetterling erblicken. Das Flatterhafte des Falters ist fast anarchistisch zu nennen, und entspringt doch einer tiefen Sehnsucht, das beschränkte Leben aufzulockern und Gefallen zu erwecken.

Das anmutige Schweben von Blüte zu Blüte, um da unbeschwert Nektar zu saugen, entspricht einem tiefverwurzelten Wunsch der Menschen, ohne Angst vor möglichen Folgen und Strafen von Genuß zu Genuß zu eilen.

Natürlich gibt es auch hier mannigfaltige Exemplare, und wer zu einem festlichen Empfang, wer in die Oper oder zu einer anderen Gala geht, der kann die unterschiedlichsten Schmetterlinge dort erleben, die nur darauf warten, ihr liebenswürdige Spiel auf der Suche nach der geeigneten Blüte zu beginnen. Leider aber richten diese so schönen Tiere oft großen Schaden an, was sich auch im Archetyp der Menschen häufig sehr bemerkbar macht.

Ohne Heim geht sie nicht auf Wanderschaft: die Schnecke

Dieser Archetypus kann jeden Arbeitgeber, aber auch jeden Intendanten, jede Verlegerin, jeden Veranstalter in Verzweiflung bringen. Ist man von Menschen irgendwie abhängig, die den Schnecken-Archetypus in sich haben, dann ist der Nervenarzt oft nicht mehr weit.

In der Natur gibt es diese Weichtiere überall, an Gartenteichen, an Felsen, am Strand, an Seen. Das gilt auch für die Schnecken-Menschen. Ihre Umständlichkeit vor der Kasse eines Supermarktes fällt genauso auf wie ihre Blockade, wenn man ein Flugzeug besteigen oder aus einem Zug aussteigen möchte, um den Anschluß nicht zu verpassen. Doch dies sind ja nur Kleinigkeiten. Böse Zungen meinen, daß viele Behördenangestellte diesen Archetypus in sich haben und daß sogar manche Handwerker mit diesem Tier vergleichbar sind. Manche Schnecken-Menschen brauchen, bevor sie am Morgen ihr Haus verlassen, gute zwei Stunden, manche verlassen ihr Heim nie, sie haben es immer bei sich, das sind die schneckenhaften Heimarbeiter. Hinzu kommt, daß dieser Archetypus noch dazu als sehr sparsam gilt, was das Tempo zusätzlich verringert, denn ein Taxi leisten sie sich nie. Die Gegenreaktion besteht darin, daß jemand »zur Schnecke gemacht wird«, das heißt solange geduckt und fertig gemacht wird, bis derjenige sich nichts mehr traut und sich in sein Schneckenhaus verkriecht.

Entscheidend ist der Archetypus für die Menschen, die die Ruhe weg haben, die es aber trotz ihrer enervierenden Bedachtsamkeit zu etwas bringen. Bei einem Seminar trifft man diesen Archetyp fast nie an, denn der geht nicht so gern so lange außer Haus, um neue Impulse aufzunehmen, da ist er äußerst vorsichtig und zurückhaltend.

Schnecken lieben es bequem, sie leben zwar auf einem großen Fuß, aber wenn sie sich bewegen, dann sondern sie noch einen Schleimfilm ab, auf dem sie dahingleiten. Dies ist auch für den Archetyp wichtig: Erst wenn alles glatt und ohne Schwierigkeiten abzulaufen scheint, macht er sich auf dem Weg. Lange Reisen, auf denen man viel umsteigen muß, das ist nichts für diese Naturen, zumal sie mit viel Gepäck (dem halben Haushalt) zu reisen pflegen. Viele Schnecken in der Natur haben gar kein Gehäuse, archetypisch aber werden nur die Schnecken mit Gehäuse wirksam, da es ja auf das Haus und den steten Schutz ankommt. Viele dieser Menschen haben im übertragenen Sinne immer eine Ritterrüstung an, denn sie fürchten sich sehr, verletzt zu werden.

Typisch sind auch die Fühler (meist zwei Paare) der

Schnecken. Sie möchten immer wissen, was auf sie zukommt. Sie sehen nicht, sie fühlen. Menschen, die mit fast geschlossenen Augen vor sich hin zu sinnen scheinen, gehören recht häufig zu den Schnecken. Sie sind sehr empfindlich, weil sie unsicher sind. Kaum ein Archetyp lernt aus seinen Erfahrungen soviel Überlebenskräfte zu mobilisieren wie die Schnecke. Diese Mitmenschen tun übrigens den anderen kaum Böses an, sie gehen ihnen höchstens auf die Nerven.

Die zwitschernde Schönheit: die Schwalbe

»Machen wir's den Schwalben nach – bau'n wir uns ein Nest«, so klingt es bei fast jeder Hochzeit, und daher hat dieses Operettenlied die Verliebten immer wieder zum Träumen aufgefordert. Die Schwalbe ist heute allerdings bedroht, weil sie kaum eine Gelegenheit findet, ihr Nest zu bauen. Wenn ihr nicht der Mensch – besonders am Stadtrand oder auf dem Dorf, an und vor allem in den Ställen – Nester anbietet, droht die Schwalbe auszusterben. Doch der Mensch hat diese geschmeidigen Vögel, die im Flug Insekten jagen und vertilgen, immer sehr gemocht.

Bei der Schwalbe handelt es sich um ein höchst anmutiges Tier. Die Rauch- oder die Mehlschwalbe ist bei uns am häufigsten anzutreffen. Im Frühjahr warten die Menschen in ländlichen Gegenden meist recht gespannt auf diese Vögel, doch manche kommen zu früh, daher das Sprichwort »Eine Schwalbe macht noch keinen Sommer«. Der kommt erst, wenn alle Schwalben wieder da sind. Die Schönheit dieser

Vögel und die Eleganz ihres Fluges führten dazu, daß dieser kleine Vogel als Tier der Aphrodite (griechisch) oder der Venus (römisch) angesehen wurde. Beide Göttinnen waren in ihrem jeweiligen Kulturbereich auch für das allgemeine Glück zuständig. So galt es als glückverheißend, wenn dieser Vogel in oder an einem Haus nistete. Schwalben vertreibt man nicht, hieß es, denn sie fliegen (im Herbst) so schnell wieder davon, wie sich auch das Glück verzieht, wenn man es nicht zielstrebig aufnimmt und hält.

Am Flug der Schwalbe erkannte der Mensch nicht nur die Jahreszeiten, sondern auch gewisse Wetterentwicklungen. Fliegen die Schwalben tief, dann weiß man, daß ein Gewitter naht. Wenn die Schwalben wie aufgescheucht herumfliegen, dann weiß der mit der Natur verbundene Landwirt, daß sich viele Insekten in der Luft befinden.

Schon bei den alten Griechen erhielt dieser Vogel viel Lob für seinen zwitschernden Gesang. Das morgendliche Jubilieren hört sich lieblich und doch einzigartig an. Nie galt er wie etwa der Kuckuck als Unheilskünder.

Archetypisch erinnert dieser kleine Vogel, der so zielsicher durch kleinste offene Fenster in einen Stall fliegen kann, an die Operette. Die Operette wird von den oft auch nörgelnden Kritikern immer etwas abschlägig behandelt, aber es ist die Leichtigkeit, das Spielerische, das gefällt. Sie kommt dem Wunsch der Menschen nach einem Happy-End nach, und die schöne Ausstattung gehört einfach dazu. Dieser Operetten-Habitus oder Archetypus ist unter unseren Zeitgenossen recht häufig vertreten. Sie erfreuen die anderen durch ihr elegantes Auftreten, durch die Geschmeidigkeit ihrer Bewegungen und ihre meist fröhlichen, hellen Stimmen, aber vor allem durch ihre innere Leichtigkeit.

Man meint, sie könnten jeden Moment zu einem Gesang – möglichst im Duett – ansetzen. Dieser Archetypus verschönt das Leben, man vergißt die Traurigkeit des Schicksals und die ewige Angst vor dem Leid. Machen wir's des Schwalben nach, sehen wir das Leben hin und wieder auch von der schönen, bunten, zwitschernden Seite an.

Der Wintergast, der Eindruck macht: der Schwan

Sie kommen aus dem hohen Norden, um hier zu überwintern, und im März ziehen die Schwäne wieder in Richtung Heimat. Sie gehören zu den größten Vögeln, die fliegen können.

Im Liebesleben von Zeus spielte der Schwan eine bedeutende Rolle: In Schwanengestalt warb er um Leda. Leda badete fast täglich im Fluß Eurotas, als sich eines Tages ein Schwan näherte. Als Schwan verwandelt begattete Zeus die Leda, die ihm daraufhin drei Kinder gebar. Das waren die berühmten Zwillinge Castor und Pollux sowie die überaus schöne Helena, die später den Trojanischen Krieg auslöste. Die Verbindung von Leda und Zeus wurde als hocherotische Verbindung angesehen, und so wurde der Schwan das Sinnbild erfinderischer und verzaubernder Sexualität, die nur Götter den Menschen schenken können.

Daneben aber – und das ist das Groteske – wurde der Schwan zum Sinnbild der Reinheit, ja der Jungfräulichkeit. Er wurde auch zum Symbol des Adels. Märchen wissen von der Wandlung des häßlichen Entleins zum schönen Schwan zu berichten, denn die jungen Schwäne sind weder schön noch sonst sehr eindrucksvoll. Erst mit der Reife kommen sie zu Ansehen – ein Beispiel dafür, wie schöne Innerlichkeit schließlich nach außen durchschlägt. Wenn die jungen Schwäne aus ihren graugrünen Eiern schlüpfen, bedauert man fast ihre Unansehnlichkeit. Sonst sind immer die Tiere (und Menschen), die klein sind, niedlich oder putzig, nicht aber die jungen Küken unseres heimischen Höckerschwans. Im Mittelalter spielt der Schwan eine große Rolle zwischen Lohengrin und Elsa, da auch hier eine Verzauberung stattfand, wie sie in Wagners romantischer Oper ihren musikalischen Ausdruck findet. Hinter dem Schwan steckt also immer ein Geheimnis, eine Magie, eine Verwandlung. In den Mythen und Märchen wechselt er ständig seine Gestalt.

Der Schwan ist ein beliebtes Wappentier geworden, da er ein Sinnbild für Mut und Tapferkeit darstellt, aber nie einen inneren Hang zum Kämpfen hat.

Der Archetypus lebt in Menschen, die sich wandeln können, die ihre Schönheit aus dem Inneren beziehen und die im Wesen etwas Adliges haben. Wo sie auftauchen, erregen sie Bewunderung. Sie fallen in einer Runde höchst angenehm auf. Und nicht, weil sie der König (Löwe) sein wollen, sondern weil sie einfach mit ihrer Persönlichkeit beeindrucken. Der Schwan war durch seine Farbe auch ein Symbol der Reinheit, aber dies ist nur eine rein äußerliche Identifikation. Der Schwan strahlt von innen.

Da diesem Archetyp auch immer eine Vornehmheit und Exklusivität zu eigen ist, wird man sich kaum selbst dazu bekennen. Sicher, »Schwäne« sind selten, aber hie und da sollte man schon einem Schwan begegnet sein.

Das grunzende Glück: das Schwein

Wenn Nomen Omen ist, dann muß Tanja ein aufregendes und nicht immer leichtes Leben gehabt haben. Sie hieß Tanja Schweins und war Leiterin einer Lottoannahmestelle. »Ich habe meinen Namen zum Beruf gemacht, aber der Weg dorthin war schwer«, sagte sie. Schon im Kindergarten und später in der Schule fing es an: Mit kindlicher Bosheit wurde beim Rufen ihres Namens geflissentlich das »s« am Ende weggelassen. Tanja litt sehr darunter und nahm sich vor, ihren Namen später zu ändern. Aber immer mehr steigerte sich ihr Trotz, und sie beschloß, stolz auf ihren Namen zu sein. Das bewirkte, daß Tanja mit als beste die Reifeprüfung ablegte. Sie spürte jedoch – oder bildete sie es sich nur ein? –, daß man ihr wegen ihres Namens kaum Chancen bot. Wer wollte schon mit einer Frau Schweins etwas näher zu tun haben! Also machte sie sich selbständig, kaufte sich einen Zeitungskiosk, wo der Name unwichtig blieb. Dann bewarb sie sich um die Zulassung für eine Lottoannahme, und siehe da, der Mann, der für die Vergabe zuständig war, setzte sich für sie ein. Und nun kam Tanja auf die Idee, mit ihrem Namen Reklame zu machen. Aus eigenem Geldbeutel kaufte sie Tausende von Plastikschweinchen, die sie an die Kunden verteilte. Und diese meinten nun im positiven Sinn, daß Nomen Omen sei, und standen Schlange, um bei Frau Schweins ihre Zettelchen abzugeben. Sie wollten »Schwein haben«!

Ja, so kann es im Leben gehen, aus einem Fluch kann ein Segen werden. Sicher möchte keiner, daß in ihm der Archetypus des Schweines lebt, denn das negative Vorurteil ist zu groß, und das Wort Schwein hat leider gerade als Schimpfwort Karriere gemacht. Menschen, die nicht zu den saubersten zählen, werden gerne so tituliert, dabei ist das Schwein ein sauberes Tier, wenn es sich auch oft im Dreck wälzt. Schweine waren für viele Völker hochgeschätzte Nutztiere, wenngleich es auch Völker gab, die das Schweinefleisch als unrein und gesundheitsschädlich betrachteten. Das galt besonders für die heißen Zonen dieser Erde, wo das Schweinefleisch schneller verdirbt als etwa das Lammfleisch.

»Mit einem Unvernünftigen mach nicht viele Worte, und geh nicht mit einem Schwein.« Das liest man auch in der Bibel (Sir 22,13). Ebenso den Satz, daß man »keine Perlen vor die Säue werfen solle«, was heute zur gängigen Redewendung geworden ist. Andererseits war das Schwein früher hoch geschätzt und galt als Tier der Demeter, die den Menschen die Ernährung schenkte. Es war das höchste Glück der Menschen, sich ernähren zu können. Das gilt natürlich auch heute noch: Wer sich ernähren kann (ob mit oder ohne Schweinefleisch), der hat das Glück schlechthin gepachtet. Daher der Wunsch: Ich möchte gerne Schwein haben, aber ich möchte kein Schwein sein.

Menschen, die den Archetypus Schwein haben, sind sicher umstritten, sie werden von vielen geliebt, von anderen gehaßt. Das Urbild des mütterlichen Schweins ist in unseren Breiten verlorengegangen. So wird sich kaum jemand mit dem heutigen Begriff Schwein identifizieren. Wer sich trotzdem dazu bekennt, muß sein Glück oft gegen die Vorurteile anderer machen und sich mühsam hocharbeiten. Aber am Ende sind diese Personen die lachenden Dritten, und dann werden sie um ihr »Schweineglück« beneidet, wobei vergessen wird, daß dieses Glück nur scheinbar leicht verdient ist.

Er schob die Sonne durch die Nacht: der Skarabäus

Es spricht für die große Weisheit der alten Ägypter, daß sie ein so geringes Tier wie einen Mistkäfer – der dort Skarabäus hieß – zum höchsten Lebensglückssymbol erhoben.

Dieser kleine unscheinbare Käfer war auch – wie der Schmetterling – ein Symbol der Inkarnationen. Stationen sind: Ei, Larve, Puppe und Käfer. Dann kam hinzu, daß die Ägypter der Überzeugung waren, daß dieses Tier die Sonne wohl behütet durch die Nacht führt. Der Käfer rollt eine kleine Mistkugel vor sich her, in der seine Eier geschützt liegen. Er wird also scheinbar »von selbst« aus der Kugel geboren. Dies wurde auf die täglich wieder aufgehende Sonne bezogen, die man daher »Chepre« nannte, was soviel wie Käfer bedeutet. Auf jedem Obelisk, an jedem Tempel, in fast jedem Grab kann man das symbolische Bild dieses Vorganges erblicken.

Wer der Sonne hilft, ihren Tod und das folgende Dunkle zu überwinden, der kann diese Tat bei den Menschen wiederholen. Daher wurde der Skarabäus zum Glückssymbol schlechthin. Keine Beisetzung, ohne daß dem Verstorbenen, der den Weg zu Osiris antrat, dieses Käfersymbol mitgegeben wurde. Es war das Sinnbild für die Auferstehung. Die Pharaonen trugen dieses Symbol entweder als Ring an ihrem Finger oder als Amulett auf ihrer Brust. Wurden Leichen mumifiziert, wurde denen, die den Gang über die Schwelle angetreten hatten, ein Skarabäus aufs Herz geklebt.

Im Mistkäfer den ergänzenden Gegenpol zur Sonne zu sehen, das war das Große der Religionen. Auch im kleinsten Wesen lebt die Sonne, eine gläubigere Einstellung ist kaum denkbar. Wenn auch die meisten der Skarabäus-Figuren, die heute in Ägypten verkauft werden, aus Taiwan stammen, ändert das nichts an der Bedeutung dieses Tieres. Auch hier taucht wieder die Frage auf: Wer möchte schon den Archetypus Käfer in sich haben? Aber auf den Willen kommt es gar nicht an. Sicher verlangt mancher Archetypus Mut, um sich zu ihm zu bekennen, das gilt beim Mistkäfer sicher in ganz besonderem Maße. Aber es benötigt doch keiner Courage, sich zu einem Archetypus zu bekennen, der die Sonne durch die Nacht führt und ihr aufgehen hilft!

Viele Menschen, die eine Neigung verspüren, sich um die zu kümmern, die in Kürze »den Gang über die Schwelle« – so bezeichneten die Ägypter den Tod – antreten, werden von diesem Archetypus getragen. Es sind die echten Großen unter uns, die das Wissen vermitteln, daß die Dunkelheit des Todesmoments sich sehr schnell in eine strahlende Helle verwandelt. Man tritt nach dem Ableben in das Reich der Helle, in das Reich des Erkenntnisglücks.

Auch Priester könnten diesen Archetypus in sich fühlen, sogar Ärzte oder Schwestern, die die Kraft haben, Sterbende in den letzten Stunden zu begleiten. Sicher machen diese Menschen von ihrer Grundeinstellung kaum viel her, sie verstehen sich nur als Helfer in besonders dunklen Situationen. Wer seine Angst besiegt hat, der hat auch die Kraft, tröstender Begleiter der letzten Stunden zu sein. Dieser Archetypus des Mistkäfers führt somit sehr tief in die eigene und in andere Seelen.

Der Stachel ist sein Merkmal: der Skorpion

Der Archetypus Skorpion ist nicht sehr beliebt, mit Ausnahme bei denjenigen, die im astrologischen Zeichen des Skorpion geboren sind. Sein Giftstachel war immer gefürchtet, daher galt dieses Tier schon bei den Ägyptern als Todessymbol. Die Todesgöttin Selket trägt den Skorpion als Kopfschmuck.

Dieses Spinnentier hat große Scheren – und den erwähnten Giftstachel. Mit den Scheren greift es seine Opfer und tötet sie – wenn nötig – mit dem Giftstachel. Die Legende, daß das Tier sich selbst zu töten mag, gehört in das Reich der Fabel. Skorpione wurden in Ägypten auch zur Verteidigung gegen Grabräuber eingesetzt, was aber keinen großen Erfolg brachte.

Der Archetypus Skorpion kommt häufiger vor, als viele denken. Er lebt in den Menschen, die gerne zupacken und ihre Beute festhalten, bis sie ihnen zu Willen ist. Es sind diejenigen, die auch eine detektivische Begabung haben, die mit ihrem sinnbildlichen Stachel so lange bohren, bis sie die Wahrheit – oder das, was sie dafür halten – erfahren haben. Es ist nicht gerade ein Glück, in die Fänge dieses Archetypus zu geraten. Oft findet man diesen Typus bei den hartnäckigen Polizisten, auch bei Angehörigen der Geheimpolizei, die sich heimlich, doch unnachgiebig an die Fersen der Gesuchten hängen. Diesem Archetypus gelingt es, Verbrechen aufzuklären, die schon als perfekte Tat beschrieben worden sind. Sie können sich allerdings auch in eine Sache verbohren, und man ängstigt sich manchmal vor ihrer Sucht, in dunkle Bezirke einzudringen. Andererseits wünscht man, es müßte mehr solcher Menschen geben, ja, es kann gut tun, sie als Freunde in seiner Nähe zu wissen.

Keß, munter und bescheiden: der Sperling

Mit Recht wird der Sperling auch »Hausspatz« genannt, denn kaum ein Singvogel kommt dem Menschen so nah. Selbst in Großstädten fühlen sich diese Tiere wohl. Es ist eine Freude, den Sperlingen zuzusehen, wenn sie auf Balkonen oder Straßen munter hin und her hüpfen oder fliegen. Diesen Vogel ordnet man den Jahresvögeln zu, weil sie nicht weit davonfliegen. Sie sind gesellig, kennen scheinbar auch keinen Futterneid, und sie sind bescheiden.

Und was entscheidend ist: Die Sperlinge mit überwiegend bräunlich gefärbten Gefieder sind keine Schönheiten wie manche tropischen Vögel, und sie sind auch nicht so elegant wie die Schwalbe, aber sie strahlen ermunternde Lebensfreude aus. Ihr Gesang ist nicht gerade reif für eine Arie in der Oper, man hört meist nur das typische Tschilpen, aber auch das vergnügt. Typisch ist für diese liebenswerten Vögel, was man in einem Lexikon lesen kann: »Das Nest des Haussperlings (wie des kleineren Feldsperlings) ist ein umfangreicher schlampiger Bau aus Halmen und Blättern. Aber auch Papierfetzen und ähnliches Material werden mit eingebaut.« Es muß – und das scheint typisch – nicht alles vollendet sein, um sich seines Lebens zu erfreuen. Ein Leben in Harmonie und Bescheidenheit, ein Leben im Sommer wie im Winter und am liebsten in der Nähe von Ortschaften, wo etwas los ist. Und die Männchen der Hausspatzen tragen als

Zeichen dieser weisen Lebenseinstellung noch eine graue Kopfplatte!

Dieser Typus »Freut euch des Lebens« ist beliebt, weil er Freude bringt, ohne Ansprüche zu stellen. Der Wunsch »Lieber einen Spatz in der Hand als eine Taube auf dem Dach« rundet den Archetypus ab. Bei Verliebten ist er besonders gefragt, die Kosenamen »Spatz«, »Spätzchen« sind sehr verbreitet.

Allerdings scheinen diese Archetypen nicht allzugern zu studieren oder nach Höherem zu greifen, sie sind von Natur aus genügsam, treten kaum in Konkurrenz zu anderen. Auch deswegen sind sie gern gesehen. Beliebt ja – geachtet jedoch kaum. Archetypisch wichtig ist, daß es Sperlinge (oder Spatzen) bei den Menschen der ganzen Welt gibt. Diese Exemplare sind überall zu finden, und immer in Gemeinschaft. Pausenlos beschäftigt, leicht aufgeregt und ein bißchen nach dem Motto »Was interessiert mich mein Getschilpe von gestern«! Zu erziehen sind diese Archetypen nicht, sie wirken etwas schlampig (aber sehr sauber). Sperlinge bauen ihre flüchtigen Nester halt nicht für die Ewigkeit, sondern immer nur für den Augenblick.

Diese Archetypen sind auf die Gegenwart ausgerichtet, daher sind sie auch mit der kleinsten Behausung zufrieden, aber wenn man ihnen eine Villa (Nistkasten) anbietet, dann nehmen sie diesen Komfort gerne an. Auch diese Archetypen sind kaum in Seminaren zu finden. Wozu studieren, wenn das Leben doch genügend bietet, um den Tag auszufüllen? Manchmal möchte man sagen, für die archetypischen Spatzen ist immer Sonntag – oder immer Alltag, wie man will. Und dies besticht – so sehr, daß viele gerne Spatzen sein möchten, aber diese einfache Lebenseinstellung nicht aufbringen.

Hoch oben – fast unerreichbar: der Steinbock

Obwohl der Steinbock meist hoch oben in den höchsten Lagen des Hochgebirges sein Leben verbringt, wäre er fast ausgerottet worden. Er hätte dann das Schicksal mancher Sagentiere erlebt. Doch in letzter Zeit wird dieses machtvolle Tier offiziell geschützt. Die Astrologen ehrten den Steinbock besonders – allerdings schon vor sehr langer Zeit –, als sie ihn im Tierkreis an der Stelle einordneten, wo die Sonne wieder zu steigen beginnt und der Jahreswechsel ansteht. Der Hintergrund ist – zumindest in unseren Breitengraden – jedoch auch noch die Tatsache, daß dieses Tier, das so hoch hinauf strebt, die Klugheit besitzt, sich in den kargen Monaten hinabzubewegen. Dadurch spricht man dem Steinbock die Fähigkeit zu, zu wissen, wie sich das Wetter gestalten wird. Das soll jedoch nicht besagen, daß alle sogenannten Steinbock-Geborenen automatisch klug sind. Doch hier geht es ja nicht um das Astrologische.

Dieser Steinbock, der die höchsten Gipfel ersteigen kann, klettert also nur so hoch, wie er seine Nahrung, Gräser und Kräuter, findet. Er besitzt einen guten Instinkt für seinen Lebensraum. Man schrieb diesem Tier stets geheime Kräfte zu, weil es für die Menschen einst wunderbar erscheinen mußte, in dieser Höhe sein Leben zu verbringen. So mußte der Steinbock eine außergewöhnliche Lebenskraft besitzen, die man in den Hörnern dieser Tiere vermutete. Die der

Böcke können immerhin ein Meter lang werden. Ihre säbelartige, nach hinten gekrümmte Form könnte Vorbild für die arabischen Säbel gewesen sein, wo der nubische Steinbock zu Hause ist.

Er wirkt stets imponierend, dabei voller Würde, und hatte eine beachtliche Kraftausstrahlung, so daß der Steinbock in vielen Wappen erscheint.

Im Seminar gab es gleich mehrere Teilnehmer, die meinten zu diesem Tier eine gewisse Verbundenheit zu haben. Maria war sich sicher, daß sie vom Archetypus Steinbock geprägt wurde. »Hoch hinauf zu kommen, das war immer mein Ziel, auch wenn es immer einsamer um einen wird, je höher man kommt.« Damit hatte Maria durchaus einen wichtigen Punkt erfaßt. Dieser Archetypus verlangt, mit sich und seinen nächsten Aufgaben selbst zurechtzukommen. Er ist nicht von den Meinungen anderer abhängig. Er hört sie nicht einmal.

Diese Menschen wirken in sich ruhig und sicher, die Einsicht in die Notwendigkeit ist für sie ein bestimmendes Lebenselement. Jedoch sind sie kaum bereit, auf auch nur leicht faule Kompromisse einzugehen. Sie wollen klare Verhältnisse. »Genau – das will ich auch immer«, warf Friedl jetzt ein. Dann etwas leiser: »Aber ich weiß nicht, ob ich die Zähigkeit habe und auch die Härte, um alle schlechten Witterungsverhältnisse des Alltags zu überstehen.«

Der Archetypus Steinbock prägt eben nur die Menschen, die zäh und ausdauernd sind. In einem großen Betrieb sind sie die wahren »Regierenden«, die mehr vom Adjudantenposten aus die Strippen ziehen. Diese Menschen treffen Entscheidungen, und sie tragen dann auch die ganze Verantwortung. Dabei ist Krieg oder Kampf nicht ihre Sache, allerdings verachten sie auch jedes Versteckspiel, und für Intrigen sind sie nicht zu haben. Auch im Betrieb sind sie einsam, die Einzelgänger, die betonen, keinen Gemeinschaftsschutz zu brauchen. Es wird schwer sein, Menschen mit diesem Archetypus für einen Eintritt in eine Gewerkschaft, einen Verband oder eine Loge zu animieren. Steinbock-Archetypen gelten übrigens als sparsam. Sie sind zwar sehr großzügig für sich und für alle, die sie mögen oder lieben, aber sie verachten diejenigen, die wertvolles Geld für Krimskrams ausgeben. Alles muß bei ihnen auf einem gewissen Niveau stattfinden, eine reale Basis haben und darf der Logik nicht entbehren. Doch ihr größtes Plus ist es, ein stilles aber einprägsames Vorbild zu sein. Auf Maria traf dies zu. Sie war im Seminar eine Einzelgängerin, aber sie fiel damit nicht negativ auf, denn wer sie ansprach, der bekam immer eine Antwort – ohne daß sie viele Worte machte.

Hoffentlich nistet er auf meinem Haus: der Storch

Ob Adebar, der Weißstorch, die Kinder aus dem Sumpf der Frau Holle holt und uns bringt, ist gar nicht einmal so wichtig. Wichtig ist, daß er jedes Jahr wiederkommt und das auf dem Schornstein vorbereitete Nest benutzt. Alljährlich wartet man auf dem Land auf den Storch, der einst als Tier der Venus galt, weil er die Kinderlein brachte.

Auf jeden Fall bringt er Glück, denn wenn der Storch sein Haus wieder bezieht, dann heißt das: Das Glück hat uns nicht verlassen, der Storch ist wieder da! Früher war es ein Großereignis im Dorf, wenn der Storch aus dem Süden zurückkam und jeder auf den Land ihn klappern hören konnte.

Der Storch war eigentlich der Vogel, der als Symbol für ein langes Leben stand, denn er selbst kann sehr alt werden. Nützlich war er außerdem, weil er neben Lurchen, Heuschrecken, Insekten und Fischen auch Giftschlangen verzehrte. Und für alle war es seit Jahrtausenden ein wunderschöner Anblick, wenn man sah, wie die Störche – das Männchen und das Weibchen – ihre Jungen fütterten. Immer war von einem Storchenpärchen ein Storch unterwegs, während der andere die jungen Schnäbel stopfte. Diese gemeinsame Sorge um die Jungen ist es, was den Storch so beliebt machte. Hinzu kommt selbstverständlich seine gravitätische Haltung, die ihn fast vornehm und aristokratisch wirken läßt. Und es sind seine Farben, die so gefallen! Der Gegensatz von Schwarz und Weiß zeigt das ganze Spektrum der Farben des Lichtes und des Dunkels – dazu der kräftige Schnabel in der Farbe der Liebe: Rot.

Bald wußte man, daß dieser Liebesvogel im Winter weit in den Süden fliegt. So galt der Storch als erfahren und weltweit orientiert und wurde letztlich ein Sinnbild für Reiselust und Sehnsucht nach Horizonterweiterung.

Der Archetypus des Storches ist verhältnismäßig leicht zu erkennen. Frauen und Männer, die keine Kinder haben wollen oder keine gute Hand haben, ihre Kinder auf das Leben vorzubereiten, scheiden von vornherein aus. Es dreht sich nun einmal im Storchenleben alles um den Nachwuchs. Wir kennen dies von den Eltern, die überstolz auf ihre Kinder sind, immer Bilder von ihnen bereit halten, bis zum kleinen Fotoalbum, das sie auf Reisen mitnehmen. Der zweite Punkt, der für den Archetypus wichtig wäre, ist der Flug in die weite Welt, also das immer wiederkehrende Bedürfnis, andere Lebensräume kennenzulernen und dort auch eine zweite Heimat zu finden. Das würdevolle Auftreten ist allerdings auf ferne Ziele ausgerichtet.

Symbol für Gutmütigkeit: die Taube

Schon am Morgen war es sehr schwül. Von Ferne hörte man das Grollen. Gewitter lagen in der Luft. In der Natur herrschte also Krieg, wie man einst bei Gewitter annahm. (Es war der Herr des Olymps – Papa Zeus –, der Blitze schleuderte.) Auf dem Seminarprogramm stand die Taube.

In jedem größeren Seminar gibt es immer eine oder einen Störenfried. Unter sich drücken dies die Seminarleiter sehr viel drastischer aus. Sie fragen sich gegenseitig: »Hast du deinen ›Stinkstiefel‹ schon entdeckt, wirst du mit ihm fertig?« Wir hatten ihn entdeckt, diesmal war es ein weibliches Wesen, das immer alles besser wußte, dazwischensprach und sich wichtig machte. Diese den Frieden meist störenden Personen belegte der Seminarleiter mit dem Namen »Xanthippe«.

Unsere Xanthippe meinte gleich zu Beginn – war es provozierend oder nicht –, daß in ihr der Archetypus der Taube lebe. Lautes Gelächter rundum, und der Frieden war schon am Morgen dahin. Prompt schlug der erste Blitz in der Nähe des Berghotels ein.

Sachlich trug nun der Seminarleiter vor, daß die Taube zwar schon in alter Zeit als Symbol des Friedens angesehen wurde, aber im Grunde wisse man bis heute nicht, warum, denn so friedfertig sei sie gar nicht. »Die sanfte Taube«, meldete sich Xanthippe zu Wort, »ist immer der Gegensatz zu den Raubvögeln, dem Adler, dem Geier, dem Falken gewesen. Gegen die Vögel, die hier viel zu gut beurteilt wurden.« Da war er wieder, der Angriff der sogenannten friedfertigen Taube. »Tauben sind keine Raubvögel, fressen keine anderen Tiere.« Xanthippe setzte sich. Dafür erscholl der Ruf: »Aber sie sind Krankheitsträger.«

Die Taube spaltet die Menschen. In den Städten gibt es viele Fütterungsverbote, doch die meist älteren Frauen scheren sich nicht darum. (Eine Szene im Krankenhaus: Patientinnen legen auf dem Fensterbrett Brotkrümel aus, was die Tauben anlockt. Eine schwerkranke Frau bittet, die Tauben nicht zu füttern, sie fühle sich durch das Gurren gestört. Der Patientin wird herrisch entgegnet, man sei eben im Gegensatz zu ihr sooo tierlieb!)

Der Archetypus Taube drückt zwar eine Hoffnung zum Frieden aus, aber nur, wenn man recht behält! Auf Demonstrationen kann man das auch erleben: Diejenigen, die Fahnen mit Friedenstauben mit sich führen, sind meist als erste bereit, die Faust zu ballen.

In der Kirche ist die Taube ein wichtiges Symbol für die Ausgießung des Heiligen Geistes, und die Taube mit dem Ölzweig ist bis heute das Symbol der Arche Noah, denn Noah ließ eine Taube fliegen, um zu sehen, ob das Wasser zurückgegangen sei. Der Ölzweig kündigte dann an, daß Land in Sicht war. Ein Bibelzitat: »Hätte ich doch Flügel wie eine Taube, dann flöge ich davon und käme zur Ruhe« (Ps 55, 7).

Fast zum Sprichwort geworden ist auch folgendes Bibelwort (Mt 10, 16): »... seid daher klug wie die Schlangen und arglos wie die Tauben.« Der graublaue Vogel lebt auf der ganzen Welt und wurde stets sowohl geliebt wie angefeindet. Verliebte Männer bezeichnen ihre Eroberung gerne als »mein Täubchen«, um zu betonen, daß sie deren sanfte Anschmiegsamkeit sehr entzückt.

Der Archetypus zeigt etwas von diesem Gespaltensein der Taubenanhänger und -gegner auf. Für den Frieden sind alle, aber damit noch nicht für den Frieden ohne Machtbeherrschung. Innerer Friede kann aber nur bestehen, wenn sich diejenigen, die eine eigene Meinung haben, nicht verkriechen müssen.

Die Taube gilt als genügsam, was kaum zutrifft, wenn man sieht, wie die Tauben an ihren Futterstellen zupicken. Sie verdrängen durchaus die schwächeren und kleineren Vögel. Hierin haben die Lebensgewohnheiten der Tauben früherer Zeiten sowie ihre religiöse Symbolik kaum mehr etwas mit der heutigen Plage unserer Städte gemein.

Vielleicht betont der Archetypus seine Friedfertigkeit daher etwas zu laut, um die ihm innewohnende Aggressivität zu verbergen. Xanthippe wollte jetzt ihre Sanftheit verteidigen, als sie viel leiser als sonst meinte: »Den Frieden muß man mit allen Mitteln erhalten, manchmal bedarf es dazu auch eines Angriffes.« Das Echo war sehr geteilt.

Die Raubkatze mit Tarnung: der Tiger

Was der Löwe für Afrika, ist der Tiger für Asien. Der Löwe sucht den Schatten in der Savanne, der Tiger ist in Wäldern, Buschgegenden und Grasland beheimatet, und er tarnt sich bestens. Sein Fell ist ockerfarben bis rötlichorange mit dunklen Streifen und hilft ihm dabei. Sinnbild für die Tiger wurde der Königstiger, auch Bengaltiger genannt. Dieses schöne Tier war schon so gefährdet, daß Rettungsaktionen notwendig waren, um sein Überleben zu gewährleisten.

Der Tiger gilt als starkes, schnelles und grausames Tier, vor dem man Respekt hat. Einst wurde er als ritterliches Raubtier gehalten, wobei Ritterlichkeit einem Raubtier wohl im biologischem Sinn nicht zuzuschreiben ist. Anders verhält es sich mit dem alten Symbol der Lebenskraft, die ungewöhnlich ist. Daß eine große Weltfirma für ihr Benzin mit dem Tiger wirbt, spricht dafür, daß die Public-Relations-Manager erkannt haben, welche Bewunderung dieses Tier bei den Massen erfährt. Tiger als Statuen schützen in Asien große und kleine Gebäude, in der Annahme, daß niemand in ein Haus einzudringen wagt, das von einem Tiger bewacht wird.

In der chinesischen Sternenkunde spielt er auch eine wichtige Rolle. Das Jahr des Tigers gilt als ein Jahr, da Mut und der Drang nach Unabhängigkeit gefragt sind. In China sagt man, der Tiger ist zum Befehlen geboren – nicht zum Gehorchen. Damit kommen wir diesem Archetyp schon sehr nah. Es war Marianne, die meinte, etwas vom Tiger in sich zu spüren. Sie berichtete, daß sie als Angestellte das »Herumkommandieren«, so nannte sie es, einfach nicht aushielt. Doch dies geht vielen so, dies ist noch nicht tigertypisch. »Das weiß ich« sprach Marianne »aber mutig wie ein Tiger bin ich sicher.«

Die chinesische Astrologie meint, daß der Mut, den man dem Tiger zuschreibt, in erster Linie auf Unwissenheit zurückgeht. Das Risiko wird sehr häufig falsch eingeschätzt.

Marianne nickte dabei nur sehr heftig mit dem Kopf. Die Chinesen sagen außerdem, der Mut des Tigers käme daher, daß er sich gerne in die erste Reihe stellt. Ein Tiger versteckt sich nicht, der mag auch nicht aus dem fünften Glied angreifen. Dazu ist er zu selbstbewußt, und dieses Selbstbewußtsein bekommt seine Umgebung auch stets zu spüren. Er galt auch als Sonnensymbol, und es hieß, daß dem Tiger-Geborenen das Glück lacht, der zwischen Sonnenaufgang und Sonnenuntergang zur Welt kommt.

Manche Menschen leben mit diesem Archetypus: Sie sind mutig, wägen aber nicht genügend ab. Die Jugendabteilungen der politischen Parteien kennen sicher viele »Tiger« in ihren Reihen. Diese mutigen, auch etwas vorlauten jugendlichen Mitglieder wagen Thesen aufzustellen, aber ihnen fehlt oft die sprichwörtliche Geschmeidigkeit, rechtzeitig vor einem Mißerfolg einen Rückzieher zu machen. Aber der Tiger-Archetypus ist ungemein lernfähig und gilt vor allem als intelligent, tugendhaft und ehrlich, wenn auch nie vergessen werden darf, daß der Tiger eine Raubkatze ist. Mitleid mit seinem Opfer kennt er nicht.

Ein Fisch, der keiner ist: der Tintenfisch (Oktopus)

Acht Füße soll es haben, dieses Weichtier, daher der Name »Oktopus«. Um dieses Meerestier kreisen viele Legenden und Sagen. Es ist das unheimlichste Wesen der Gewässer, weswegen es auch als vorzeitliches Drachentier des Meeres bezeichnet wurde. Seine symbolische Darstellung reicht weit in die Vorzeit zurück. Warum? Diese Frage kann nicht mehr mit letzter Sicherheit geklärt werden. Wahrscheinlich hat es etwas Unheimliches an sich, wenn ein Tier plötzlich – gerät es in Gefahr – eine dunkle Flüssigkeit ausstößt, so daß der Angreifer sein Opfer nicht mehr sehen kann. Diese »Tinte« wurde früher wirklich als Schreibflüssigkeit verwendet.

Nach alter Sitte stellte man oft etwas dar, um es zu bannen. Besonders deutlich wurde dies etwa beim Pentagramm. So wäre es also denkbar, daß man dieses Tier bannen wollte. Aber der Oktopus wurde auch in Silber und Gold dargestellt, also vermutete man in diesem Tier wohl eine Gottheit. Da ja die Überzeugung vorherrschte, daß alles Leben aus dem Wasser kam, erklärt sich daher vielleicht seine Verehrung rund um das Mittelmeer. Nach einer Legende versinnbildlicht es den abgeschlagenen Kopf der Medusa, aber die Furcht vor diesem Tier liegt wohl mehr in den acht schlangenförmigen Beinen begründet. Wenn diese Beine einen Menschen umfassen, dann ist er verloren und wird mit in die Tiefen des Meeres gerissen.

In der Natur wird der Tintenfisch nicht sehr groß, so daß man ihn nicht gerade als Ungeheuer bezeichnen könnte. Er gilt heute als schmackhafte Nahrung und jagt keine Angst mehr ein.

Das Archetypische liegt wohl mehr im seelischen Bereich. Alles, was mit der Seele zu tun hatte, wurde schon in uralter Zeit mit dem Wasser gleichgesetzt. Auch galt der Blick in die eigene Tiefe immer als gewagtes Abenteuer. Je tiefer man kam, um so dunkler wurde das, was man erschauen wollte. Und die Menschen schreckten – und schrecken – noch heute davor zurück. Sie wollen nicht lesen, was in der Seele eingeschrieben steht. So brauchen die Menschen Hilfe, Seelenkundige, die den Ratsuchenden aber zuerst als Ungeheuer erscheinen müssen. Die Angst vor diesen Seelenkundigen (heute meint man in erster Linie die Psychologen damit) ist sehr groß, denn wer will sich schon einem Fremden offenbaren.

Also muß das menschliche Ungeheuer (eben der Seelenkundige) die Suchenden fest umarmen und mit hinab in ihren Seelenbereich ziehen. Dieser Archetypus lebt folglich vorwiegend in vielen, die mit der Seele zu tun haben, die aber auch wissen, daß sie manchen als Ungeheuer erscheinen. Das müssen nun nicht nur die beruflichen Psychologen sein, das können auch Esoteriker sein, die mit den Grundsätzen der Astrologie, des Tarot, der Chiromantie, versuchen Menschen zu öffnen und sie in ihre eigene Tiefe zu führen. Nicht selten wird dabei leider das Opfer von Pseudokundigen bedrohlich umklammert und in Angst versetzt.

Die Seminarteilnehmer waren über den Archetypus dieses »ekelhaften Tieres« recht verblüfft, stimmten jedoch zu, daß die Kunst der Seelenführung den meisten wohl recht suspekt ist und man diese Menschen nach der Expedition in die eigene Tiefe am liebsten nie mehr sehen möchte.

Die Größten können friedfertig sein: der Wal

Der Blauwal ist das größte Tier der Erde. Er kann bis zu 35 Meter lang und fast 200 Tonnen schwer werden. Das entspricht einem Gewicht von 30 Elefanten oder fast 1700 Menschen. Und doch gilt dieses Tier neben den anderen

Walen – es gibt zahlreiche Arten, unter anderem Grauwal oder Schwertwal – als friedfertig und sanft.

Um den Wal ranken sich viele Geschichten, in neuer Zeit die von Moby Dick, besonders aber die biblische Legende von Jonas und dem Wal. Drei Tage lebte Jonas im Bauch des Tieres, ehe er wieder herauskam. Diese drei Tage sind der Zeitraum für die Auferstehung, und er stand verwandelt wieder auf. Jonas sollte auf Befehl des Herrn in die Stadt Ninive gehen, aber er wollte den göttlichen Befehl nicht befolgen und floh auf ein Schiff. Als das Schiff in einen Sturm geriet, bekannte sich Jonas zu seiner Schuld. Darauf warf ihn die Besatzung ins Meer. Aber der Herr schickte einen großen Fisch (Wal), der ihn verschluckte. Und Jonas betete im Bauch des Fisches und schrie um Hilfe, und der Herr erhörte ihn. Nach drei Tagen spie der Wal Jonas ans Land, (Jona 2 ,1-2, 11), worauf Jonas nach Ninive ging und sich den Segen des Herrn verdiente.

Bei den Eskimos ist kein Tier in so strenge Tabuvorschriften eingebunden wie der Wal. In Nordalaska darf der die Harpune führende Waljäger in der vorhergehenden Nacht einen Besuch bei der Lieblingsfrau des Bootsbesitzers beanspruchen, denn – so meinen die Eskimos – der Wal sei für die Reize der Frau sehr empfänglich und wünsche, sich von einem Mann töten zu lassen, der geradewegs von einer Frau kommt.

Der Wal ist ein Mondtier, vor allem aufgrund seiner Beziehung zu den drei Tagen der Auferstehung. So hieß es einst: »Der Wal taucht immer wieder auf.« Dabei spielte es wohl auch eine Rolle, daß beispielsweise der Grauwal seinen Kopf fast senkrecht aus dem Wasser aufstellen kann. Der Wal hält also »seinen Kopf hin«. Damit ist schon der

Archetypus angesprochen: Es ist mutig, seinen ungeschützten Kopf zu zeigen. Und wenn die Menschen heute den Hut ziehen, wenn sie andere begrüßen, dann wollen sie damit kundtun, daß sie sich ungeschützt den anderen nähern. Der Archetypus ist sicher tief gläubig, besitzt eine stark erotische Ausstrahlung, ist, wie schon erwähnt, friedfertig und zeigt Großmut gegen die kleineren Fische, wenn er sich diese in der Natur auch einverleibt. Der Archetyp dagegen schont »die kleinen Fische«, ja er läßt ihnen sogar alle mögliche Unterstützung angedeihen. Archetypisch haben wir es mit einem edlen Menschen zu tun, der von einer unermeßlichen Großzügigkeit ist.

Der Graue lebt in Frau und Mann: der Wolf

»Der Wolf lebt in uns allen, in jedem von uns, auch wenn wir es nicht zugeben.« So begann am Morgen das Seminar. Der Einwurf kam von Xanthippe, die aber einlenkend erklärte: »Und in mir natürlich auch.«

Um »den Grauen« ranken sich unzählige Sagen und Märchen. Die bekanntesten Märchen sind sicher das vom Rotkäppchen sowie die Geschichte vom Wolf und den sieben Geißlein. Beides sind sogenannte »Sternenmärchen«, das heißt, die Menschen ersannen diese Geschichten nach Vorgängen am Himmel.

Natürlich gilt der Wolf als kampfeslustiger Räuber, aber er ist auch ein ausgeprägtes Familientier. Immerhin ließ er sich einst zähmen, und durch Zucht wurde aus dem Wolf ein Hund. Auch heute noch wird der Wolf hier und da privat gehalten, da die Menschen zu diesem Tier eine besondere Affinität haben.

Romus und Remulus, die Schöpfer Roms, wurden von einer Wölfin großgezogen und machten später Rom zu einer Weltmacht. Alle Großen und Mächtigen werden mit dem Wolf gleichgesetzt, und noch heute heißt es im Volksmund, daß man mit den Wölfen heulen solle. Andererseits geben manche Wölfe vor, ein Schaf zu sein – sie täuschen also hinterlistig Sanftmut vor, so daß man vor den Verwandlungskünsten des Wolfes stets auf der Hut sein sollte.

Die Kraft des Wolfes wird immer wieder die Phantasie der Menschen erregen. Die Legende, daß ein Mensch, der vom Wolf gebissen wird, Wolfskräfte entwickeln kann, geistert durch viele Märchen und Fabeln, und neben dem »Wolfsmann« ist uns auch der Begriff »Wolfsfrau« durchaus nicht fremd. Der »Werwolf« spiegelt die Ängste wider, die dieses Tier, dem man fast nur negative Eigenschaften zuschreibt, auslöst. Allerdings hat das »Wölfische« auch eine dämonische Anziehungskraft.

Der Archetypus Wolf sehnt sich nach Herrschaft und Macht. Er nimmt sein Opfer sehr genau ins Visier, umschleicht es beobachtend, ehe er zupackt. Er geht sehr klug dabei vor und hat als Ausrede immer die Worte zur Hand: »Ich tue dies alles nicht für mich, sondern nur für andere!« Dabei ist der Wolf durchaus ritterlich. Wenn ein anderes Tier sich für besiegt erklärt, indem es sich auf den Rücken legt und dem Wolf seine Kehle hinhält, wendet sich der Sieger ab – er tötet seinen Rivalen nicht.

Dies allein ist schon sehr bezeichnend für den Archetypus Wolf, der auf Kultur und Haltung Wert legt. Sicher, für ihn

ist das Leben Kampf, und der Stärkere soll gewinnen, aber niemals will er seine Feinde völlig ausschalten.
Menschen, die den Namen Wolf tragen, sind irgendwie unbewußt sehr stolz darauf. dabei spielt es keine Rolle, ob es sich um einen Vornamen oder einen Nachnamen handelt.

Die Kuh des kleinen Mannes: die Ziege

Auch die Ziege muß ihren Namen als Schimpfwort mißbrauchen lassen. Seltsam, daß die Menschen ihre nützlichsten Haustiere wie Kuh, Schwein und Ziege beschimpfen, während Namen von Raubtieren wie Fuchs und Wolf eine gewisse Bewunderung ausdrücken. Man kann da nur von Undank sprechen.

Die Ziege ist wohl das älteste Haustier, das auch verhältnismäßig leicht zu halten ist. Und doch hatte es einst ein sehr hohes Ansehen. Immerhin war es eine Ziege namens Amaltheia, die Jupiter ernährte. Jupiter, als Sohn der Rhea und des Saturn geboren, mußte vor dem Vater versteckt werden, weil dieser alle seine Kinder fressen wollte. Für den kleinen Jupiter gab man Saturn einen Stein zum Fraß. Jupiter wurde versteckt, und eine hilfreiche nährende Ziege half ihm, groß und stark zu werden, damit er dann den Kampf gegen seinen Vater bestehen konnte. So wurde die Ziege das Tier des Olymp und auch das Tier, das die Menschen der Antike Zeus oder den anderen Göttern am häufigsten opferten. Eine besondere Opferpflicht bestand in Delphi: Immer wenn das Orakel der Pythia befragt werden sollte, mußte eine Ziege geopfert werden. Lag die Ziege auf dem Opferaltar, wurde sie genau beobachtet. Nur wenn sie zitterte, konnte das Opfer vollbracht werden, denn das Zittern zeigte an, daß die anzubetende Gottheit anwesend war. Auch in anderen Kulturzonen verehrte man die Ziege, der nordische Gott Thor etwa kam mit einem Ziegengespann dahergebraust.

Die Ziege ist ein urmütterliches Symbol, ein Sinnbild für Genügsamkeit, für Fleiß und Zähigkeit. Sie liefert Fleisch und Milch und edle Wolle, Kaschmir und Angora. Trotzdem kam die Ziege – und hier besonders der Ziegenbock – in Verruf. Der Ziegenbock gilt als Symbol für alle, die mit ihrer Sexualität protzen; und der »alte Bock« ist der Greis, der – meist mit Worten – stets auf das andere Geschlecht fixiert ist.

Kaum jemand wird sich zum Archetypus Ziege bekennen wollen. Auch im Seminar gab es niemand, der meinte, daß dieser Archetypus in ihm lebe.

Prägend für die weibliche Ziege wären bescheidene Mütterlichkeit, Zähigkeit und Dienstbereitschaft. Dieser Archetypus lebt folglich mehr in den Müttern, die ganz in der Familie aufgehen, die keinen Beruf haben und bis zum Tode nur für ihre Kinder und Enkel da sind. Für ihre Kinder geben sie alles Ersparte her, zumal sie selbst sehr anspruchslos sind. Still und selbstverständlich erfüllen sie ihre Pflichten, auch dann noch, wenn sich die Kinder als undankbar zeigen. Dieser Archetyp ist bereit, Opfer zu bringen. Das Märchen vom Wolf und den sieben Geißlein zeigt die Besorgtheit um die Kinder bestens an.

Die chinesische Astrologie berichtet von den Ziege-Geborenen, daß es für sie günstig sei, wenn es an ihrem Geburtstag regnet. Besser kann die Zurückstellung der eigenen

Wünsche für andere kaum gekennzeichnet werden. Die Venus am Abendhimmel galt lange Zeit hindurch als »himmlische Ziege«, das sollte allen »Ziegen« ein großer Trost sein und ihnen Mut machen, sich zu diesem Archetypus zu bekennen.

Chancen und Gefahren bei der Begrenzung der Tierauswahl

Nachdem der Archetypus des letzten Tieres, der Ziege, besprochen war, gab es im Seminar einen freien Nachmittag. In der Regel lassen dann alle Teilnehmer (und der Referent) die Flügel etwas hängen. Aber beim Kaffee tauchte erneut eine wichtige Frage auf: Sind manche Tiere übersehen worden? Nun, das konnte durchaus der Fall sein, aber eine gewisse Begrenzung ist notwendig, wenn man sich konzentrieren will. Die Suche nach dem prägenden Archetypus kann sonst ausufern. Der Nachteil ist, daß man gewisse Tiere nicht zur Auswahl vorgestellt hat.

Es steht selbstverständlich jedem frei, sich eine eigene Begrenzung auf vielleicht zwanzig oder dreißig Tiere festzulegen, während andere den Kreis über die hier genannten fast siebzig Tiere noch weiter ziehen. Auch ist es eine individuelle Entscheidung, mache vorgestellten Tiere nicht zu beachten, um dafür einige andere mehr in den Vordergrund zu schieben.

»Die Kreuzotter wäre doch sehr wichtig.« Sicher, sie ist ein Tier, das sich hervorragend tarnen und warten kann, bis die Beute nah genug vorbei kommt, dann schnappt sie zu.

Diesen Archetypus gibt es auch. »Und die Kröte?« Die Kröte ist mit dem Frosch vergleichbar, und wer mag schon das Bild einer Kröte in sich tragen?

»Ich finde, wir haben das Lama übergangen«, sagte Xanthippe, und sofort kam es ironisch zurück: »Weil dieses Tier so gut spucken kann?« Der Referent dachte nur: Die Taube spaltet. »Sicher wäre auch der Leopard zu hinterfragen. Viele Frauen sehnen sich nach einem Leoparden ... und einem Panther, nicht nur als Pelz!« Der Archetyp des Leoparden hat wohl in erster Linie die Fähigkeit sich unsichtbar zu stellen. Er ist ein Einzelgänger und greift oft aus dem Hinterhalt an. Männer und Frauen dieses Archetyps werden gefürchtet und bewundert – sie haben eine gefährliche Anziehungskraft.

»Als Kind liebte ich immer den Marabu.« Aber das Zoo-Bild kann täuschen! In der Natur gehört das Tier zur GmbH der Abfallbeseitigung. Wo in Afrika Beute gemacht wird, stellen sich die Marabus ein und warten geduldig auf das, was übrigbleibt. Sie sehen zwar oft sehr stolz aus, wenn sie einherschreiten, aber ihre Nahrung finden sie auf Müllhalden. Sicher gibt es diesen Archetypus auch: Menschen, die sich selbst kaum engagieren, aber mit den Resten einer Tafel begnügen und davon existieren, was andere übriglassen.

Viele Menschen, besonders Agenten und Spione, werden auch als »Maulwurf« bezeichnet. Diesem prägenden Archetyp verdanken viele ehrbare Polizisten ihre Karriere und ihren Erfolg. Andere Tiere, die sich ihre unterirdischen Behausungen bauen, sind die Murmeltiere, deren Putzigkeit besonders die Kinder lieben. Sie können sich wie die Erdmännchen auf ihre Hinterbeine stellen, um eine Gefahr gut zu erkennen, wären also in etwa diesem Archetypus verwandt.

»Wir haben bei den Vögeln vor allem die Nachtigall vergessen.« Darauf hatte der Referent nun schon lange gewartet. Sicher, viele Sängerinnen fühlen sich als Nachtigall, aber ist dies schon eine Charakterprägung? Aber Sängerinnen wollen auch gesehen werden, und die Nachtigall singt in der Regel aus der Deckung eines Gebüsches heraus, so wird es diesen Archetypus kaum geben.

Natürlich wurde viel über den Papagei geredet, der so deutlich sprechen kann, und manche wünschten, daß bei den Affen der Pavian noch erwähnt werden sollte. Aber bei genauerer Betrachtung stellte sich heraus, daß hier nicht viel Unterschiedliches wichtig war. Manche Tiere haben einen hohen Bekanntheitsgrad, ohne deswegen archetypisch prägend zu sein. Das gilt sowohl für den Pelikan oder die Robbe als auch für den Puma, der sich im Grunde von den vielen anderen Raubkatzen im archetypischen Sinn nur wenig unterscheidet. Aber Austauschen ist ja möglich! Statt des Tigers ist etwa der Puma zu nehmen, wie andere statt der Ratte die Maus als archetypisch betrachten können oder statt der Schlange sich speziell auf die Kreuzotter oder die Ringelnatter konzentrieren mögen.

Das Thema »Spinnen« war nie sehr gefragt, und wenn die Rede auf die »Schwarze Witwe« kommt, dann zucken nicht nur die weiblichen, sondern auch die männlichen Personen zurück. Ihr Biß kann immerhin zum Tod führen oder zumindest große Beschwerden nach sich ziehen. »Ob ausgesprochene Sadisten so einen Archetypus haben?« Die Frage blieb unbeantwortet.

Besondere Aufmerksamkeit verdient zum Beispiel der

Specht, der seine Brutlöcher mit dem spitzen Schnabel in die Bäume schlägt. »Trau keinem Buntspecht«, haben früher die Eltern ihren Töchtern mit auf den Weg gegeben. Der Ausdruck »Buntspecht« für etwas lockere Burschen hat aber archetypisch wenig mit dem Vogel in der Natur zu tun.

Der Vogel Strauß, der »den Kopf in den Sand steckt«, hat mit Sicherheit einen prägenden Archetypus für Menschen, die einfach keine negativen Nachrichten hören wollen. Für diese Menschen ist der Bote einer schlechten Nachricht der Täter.

Das Zebra gehört zu den Pferden, wie es überhaupt archetypisch selbstverständlich einige Überschneidungen gibt.

Allein diese kleine Übersicht zeigt, wie gut letztlich doch eine Begrenzung ist.

Die letzten drei Seminartage, die nun folgten, sollten noch gewisse, wenn auch vielleicht spielerische Probleme aufwerfen, die aber psychologisch gesehen nicht unwichtig sind.

Kombinationen von Tier-Archetypen

Das Ende der Seminartage war sichtbar. Einige packten schon die ersten Sachen zusammen, da tauchte immer wieder die Frage auf: Ist wirklich nur ein Tier-Archetypus vorherrschend und bestimmend? Manche machten gar keinen Hehl aus ihren neuen Erfahrungen und meinten: »Ich spüre mehr als einen tierischen Archetypus in mir.«

Auch der Referent konnte sich diesen Meinungen nicht länger entziehen, obwohl er am Anfang die Ansicht vertreten hatte, daß nur ein Archetypus den Menschen prägt. Natürlich sollte der Seminarleiter mit gutem Beispiel vorangehen, und so wurde er gefragt, welcher zweite Tier-Archetypus denn in ihm leben könnte. Er überlegte: »Für mich steht nach wie vor der Esel an erster Stelle ... Aber ich kann mir gut vorstellen, daß in mir auch prägend der Archetypus Kranich lebt. Wie bei Fritz.«

Dann tauchte eine entscheidende Frage auf: »Ja, aber wie verträgt sich denn der Esel mit dem Kranich? Das Lasttier und das Symbol der Weisheit? Der Esel wird kaum in die Tiefe führen – aber er lebt in Ihnen. Paßt das zusammen?«

Der Seminarleiter mußte nun zugeben, daß diese beiden

Archetypen sicher eine Zerrissenheit offenbaren, die er in seinem Leben auch oft gespürt hat. Durch das Lastentragen – im weitesten Sinn – wurde er jedoch erst auf das Seelenleben, auf seine Seele aufmerksam. Das Interesse an karmischen Entwicklungen und Gesetzen wurde so geweckt. Natürlich nahmen die Lasten nicht ab, sie verlagerten sich nur und bekamen neue Sinninhalte.

Der Archetypus Kranich wollte seine Toleranz nicht mißbraucht sehen, denn viele Suchende laden gerade in der Beratung ihren Müll ab, was auf die Dauer auch eine Last sein kann, die nicht jeder Esel bereitwillig tragen will. Entscheidender sind jedoch bei der Verbindung Esel und Kranich die Elemente Erde und Luft, die sich gegenseitig nicht immer befruchten.

Nach Aristoteles beruht alles in der Welt auf der Basis der vier Elemente: Feuer, Erde, Luft und Wasser. Wobei sich Erde und Wasser, aber auch Feuer und Luft wie selbstverständlich ergänzen, während Erde und Feuer oder Erde und Luft so wie Wasser und Feuer beziehungsweise Wasser und Luft erst mühsam ihre Ergänzung finden müssen.

Sicher fällt es dem Esel schwer, Vertrauen in die Weltenlenkung zu haben, was natürlich notwendig ist. Denn einen leichten Zugang zum Glauben gibt es nicht. Doch archetypisch trägt ja der Esel alles, wenn es sich nur lohnt. Dem Kranich dagegen scheint es wohl leichter zu fallen, mit dem Esel auszukommen. Der Vertreter des Glaubens weiß, daß in allem Geschehen eine stete Entwicklung lebt, daß keine Erfahrung die letzte und wahre ist, denn alles dreht sich weiter wie der Kosmos, was letztlich das Gesetz des Karmas ausmacht.

Nun wurde überlegt, ob es nicht vielleicht noch mehr als

nur zwei Archetypen von Tieren gibt, die in einem leben. Sicher ist das möglich, aber alle waren sich bewußt, daß damit der Phantasie Tür und Tor geöffnet würden und daß die große Gefahr bestünde, die Konzentration auf das Wesentliche zu verlieren. Ziel dieser Beschäftigung mit den Archetypen ist es ja nicht, eine bis ins Kleinste stimmende Analyse zu erstellen, sondern den Grundkern herauszufinden. Daneben steht es natürlich jedem frei, sich auch auf drei oder vier Archetypen einzulassen.

Nun wurden die Elemente besprochen. Daß die Fische zum Wasserelement zu zählen waren, leuchtete allen schnell ein, auch daß die Vögel überwiegend das Luftelement repräsentieren. Die Tiere des Erdelementes schienen ebenfalls leicht erfaßbar zu sein, aber welche Tiere können dem Feuerelement zugerechnet werden? Es lag auf der Hand, die Raubtiere dem Feuerelement zuzuordnen, in erster Linie also die Fleischfresser. Aber dazu zählen auch Raubvögel wie Adler oder Geier, ja auch Raubfische wie Haie oder Hechte! Der Fuchs ist sicher dem Element Feuer zuzurechnen – wie der Tiger oder der Wolf.

Im einzelnen kann jeder für bestimmte Tiere das Element bestimmen. Aber Pflanzenfresser sind sicher keine Feuertiere, sondern im Element Erde beheimatet, wobei es sich weniger um Vögel (Lufttiere) oder Fische (Wassertiere) handelt. Natürlich ist das Element nicht allzu wichtig, es ist mehr eine schnelle Hilfe für die Deutung. Das Wichtigste bleibt die archetypische Grundcharakterisierung. Aufgrund dieser Charakterisierungen gibt es schon weitreichende Harmonien oder Disharmonien, die in den letzten drei Tagen noch erörtert werden sollten. Löwe und Lamm scheint keine zu glückliche Verbindung zu sein, während Eichhörnchen und Elster zwar sehr gegensätzlich sind, aber doch zusammenpassen können. Es erscheint selbstverständlich, daß bei diesen Differenzierungen das Biologische hintenan zu stehen hat, da nun nur noch das Archetypische zählt.

Pfau und Pferd wird man biologisch nicht auf einen Nenner bringen, aber archetypisch passen beide Tiere überraschend gut zusammen. Es geht folglich um die Grundeigenschaften, welche die Menschen einst in den Tieren sahen, sei es, daß sie die Tiere bewunderten oder fürchteten beziehungsweise sogar als Götter verehrten und anbeteten. Der Ibis war ein göttlicher Vogel als Begleiter einer der höchsten ägyptischen Götter. Er gehört im großen Zusammenhang zu den Störchen, hat jedoch archetypisch eine völlige andere Aussage als der bei uns heimische Adebar, den man sehnsuchtsvoll erwartete. Und der Steinbock ist im archetypischen Sinn kaum mit der Hausziege in Verbindung zu bringen, obwohl sie biologisch nicht sehr unterschiedlich sind. Dagegen haben die possierlichen Erdmännchen letztlich eine recht nahe archetypische Verwandtschaft zum Pinguin.

Auch Ratte und Eule passen besser zusammen, als man auf den ersten Blick annehmen würde, genauso wie die Biene und die Ameise, die im übrigen von der Grundbeschreibung ausgenommen wurde, da sich zu diesem fleißigen, staatenbildenden Tier in der Praxis noch niemand bekannt hat.

Nachdem nun diese Grundpositionen beachtet und diskutiert worden waren, wollten alle zur Praxis zurückkehren. Wie immer bringt nur die Praxis pragmatische Erkenntnisse, welche die Grundtypen widerspiegeln. Als erstes wurde das Einführungsbeispiel des Adlers untersucht, das der Referent vorgetragen hatte (siehe Seite 23).

Der Adler und die Schlange

Der Intendant meinte durchaus, daß sein Archetypus der Adler sei. Aber er erwähnte sofort, daß in ihm auch eine Schlange lebe. »Bei den oberen Kulturinstitutionen kann ich nicht wie ein Adler auftreten, da muß ich listig wie eine Schlange sein und mich auch immer wieder häuten, das heißt Kompromißbereitschaft zeigen. Nicht daß ich ein ›Radfahrer‹ bin, der nach unten tritt und nach oben buckelt, aber ich muß auch klug wie die Schlange sein.« Man kann sich vorstellen, daß Adler und Schlange überhaupt nicht zusammenpassen, denn der Adler vermag aus den Höhen des Himmels die Schlange zu erblicken und zu erjagen. Diese wiederum könnte den Adler beißen und mit ihrem Gift zugleich töten. Beide Tiere können sich also gegenseitig – zumindest theoretisch – auslöschen.

Nun ist jedoch das Symbol von Adler und Schlange eines der ältesten archetypischen Symbole überhaupt. In der orientalischen Astrologie beispielsweise galten lange Zeit hindurch Adler und Schlange als das achte Sternbild. Im islamischen Museum zu Athen findet man ein Mosaik, worauf sich die Schlange um den Adler windet. In ihr lebt der Wunsch, hochzusteigen wie ein Adler.

Dieser Wunsch wurde – nach der Bibel – der Schlange verwehrt, weil sie Eva und damit auch Adam verführte, vom Baum der Erkenntnis zu essen. Seitdem muß die Schlange auf Geheiß des Herrn am Boden kriechen, ihr Traum vom hoch hinaus fliegenden Vogel bleibt für immer unerfüllt. Das achte Zeichen der Astrologie »Schlange und Adler« wurde dann durch den Namen »Skorpion« abgelöst, was jedoch inhaltlich auf das gleiche Bild hinausläuft.

Der Intendant gab weiter zu bedenken, daß er auch die Herrschaft in seinem Ensemble mit Schlangeneigenschaften ausüben muß. »Die Künstler sind so übersensibel, daß es ohne List nicht geht. Aber diese Fähigkeit lebte in mir schon lange bevor ich zum Theater kam. Doch siegen tut letztlich immer der Adler, denn eines kann ich nicht – wie eine Schlange kriechen.«

Dies ist ein Beispiel dafür, wie gut zwei Archetypen sich ergänzen können. »Das Wichtigste erscheint mir bei der Schlange das tiefe Symbol der steten Erneuerung«, fuhr der Intendant fort, »und vielleicht überlebt sogar die Schlange einmal den Adler.«

Immerhin galt die Schlange als das schlaueste aller Tiere, und wer einen Beruf hat, der einen leicht zwischen die Mühlsteine geraten läßt, der muß schon schlau, aber auch zupackend sein. »Und«, so der Intendant weiter, »er muß auch vorausschauen können, also das Orakel des Lebens beherrschen.«

Der Seminarleiter spürte förmlich, wie sehr sich der Intendant innerlich wohlwollend auf den Bauch klopfte und stolz darauf war, Adler und Schlange in sich zu spüren.

Sicher ist, daß der Instinkt der Schlange dem Adler sehr nützlich sein kann. Die Macht, alles aus der höheren Warte zu sehen, wird wiederum der Schlange sehr zu Hilfe kommen. Und letztendlich muß ein Theaterintendant auch verführen können – die Mitglieder seines Ensembles, die staatlichen oder städtischen Kulturvertreter und vor allem das Publikum. So ergänzen sich der Herrscher der Lüfte und das Erdentier, was zu einer nützlichen Harmonie führen kann.

Der Affe und die Biene

Diese Überschrift klingt nach einem Filmlustspiel, aber im Seminar versteckte sich dahinter doch eine besondere Charakterisierung. Alle im Seminar meinten, daß der Archetypus Affe auf Ingrid zuträfe (siehe dort). Ingrid wollte darüber nachdenken. Aber bei aller positiver Beschreibung der Affeneigenschaften konnte sie sich nicht ausschließlich zu diesem Archetypus bekennen. Schließlich meldete sie sich zu Wort: »Ich könnte vieles vom Affentypus in mir akzeptieren, aber nur, wenn ich ein zweites Tier in mir anerkenne. Ich habe es gefunden. Es ist die Biene.« Einige nickten mit dem Kopf, andere schüttelten denselben. Dann tauchte die Frage auf: »Zu welchem Element rechnen wir die Biene?« Ingrid fiel die Antwort nicht schwer: »Zum Luftelement, auch wenn sie uns Erdenbürgern Nahrung bietet. Aber entscheidend ist die Leichtigkeit, das Fliegen und die stete Kommunikationsbereitschaft.«

Niemand widersprach. Aber: Erde und Luft, das paßt nicht immer gut zusammen, das kann auch eine innere Zerrissenheit aufzeigen. »Die lebt ja auch in mir«, antwortete Ingrid. »Die Biene ist fleißig, und die einfachen Bienen tun alles für ihre Königin. Aber sie scheinen dabei überhaupt nicht unglücklich zu sein. Sie haben die Leichtigkeit, die ich in mir spüre, wie der Affe, der für mich auch immer ein eher komisches Tier ist. Mir geht es nämlich genauso ... Zu Hause fühle ich mich bienenwohl, aber wenn ich hinaus in die große Welt gehe, werde ich sofort traurig. Was mir am Affen gefällt, ist die Legende, daß diese Tiere die Sprache der Menschen verstehen. Ich meine den Hintergrund, der hier deutlich wird.«

Sicher war das unbewußte Vorurteil, das Ingrid dem Affen-Archetypus entgegenbrachte, die Vorstellung, daß der Affe als Tier des Teufels angesehen wurde. Die Vergöttlichung des Affen bei den alten Ägyptern konnte Ingrid nur schwer akzeptieren. Es stellte sich auch heraus, daß sich Ingrid immer nützlich betätigen wollte. Diesen Antrieb vermochte sie beim Affen nicht zu erkennen. Aber die Biene allein wollte sie auch nicht akzeptieren. So kam die Mischung Affe und Biene zustande und rundete für die Seminarteilnehmer das Bild von Ingrid gut ab. Daran war deutlich erkennbar, daß sich oft zwei Archetypen bestens ergänzen (oder vielleicht auch sehr stören) können. Bemerkenswert sind die großen Unterschiede. Daß Löwe oder Tiger recht gut zusammenpassen, leuchtet wohl jedem ein, genauso wie das Reh und der Hirsch. Aber gerade diese beiden Archetypen sind im Grunde doch sehr verschieden. Übrigens wurde festgehalten, daß sich archetypisch im Grunde auch zur Biene der Bär denken läßt, denn beide wollen etwas erreichen, die Biene im Schutz einer Gemeinschaft, während der Bär doch mehr individuell gesehen werden sollte. Eine andere Verbindung, die zunächst seltsam schien, sollte uns danach Juliane ankündigen.

Der Delphin und der Kolibri

Der Delphin ist ein Wassertier, das große Luftsprünge ausführen kann, und der Kolibri ist ein Lufttier mit ganz besonderen Gaben. Aber wie kommen beide zusammen, zumal Wasser und Luft schwer zueinander finden? Juliane, die den

Delphin zunächst für sich akzeptierte, war seit Tagen in ein nachdenkliches Grübeln gefallen.

Als der Delphin besprochen wurde, hatte Juliane schon gemeint, daß ihr die kleinen trillernden Vögel nicht aus dem Sinn kämen. Die Freude am Leben sieht man den Delphinen auf den ersten Blick an, obwohl manche Dressurmethoden recht umstritten sind. Der Kolibri – so klein er in Wirklichkeit ist – ist nicht zu dressieren! Die Vögel scheinen sehr individuell zu sein und bringen Freude, ohne einen Deut von ihrem ursprünglichen Lebensrhythmus abzuweichen. Man kann sich das Paar Delphin und Kolibri gut vorstellen, wenn der winzige Vogel flatternd über dem Delphin steht, während dieser seine Kunststücke vorführt. Die Äußerlichkeit von Groß und Klein wird völlig aufgehoben durch die Legenden, die beide Tiere verbinden und die alle vom Wohl der Menschen handeln, das beide Tiere ihnen bringen – vor allem wenn bedacht wird, daß sie die Seele des Menschen einst in den Himmel trugen. In der zutraulichen Beziehung zu den Geschöpfen ihrer Lebensräume scheinen beide Tiere vom lieben Gott besonders ausgezeichnet zu sein, denn sie schenken das Wichtigste im Leben: Freude.

Der Elefant und der Schmetterling

Im Endspurt des Seminars kristallisierte sich immer mehr heraus, daß in allen Teilnehmern der Wunsch nach einer Polarität herrschte. Wir leben in der Welt der Ergänzung, so wie sich Tag und Nacht ergänzen, Himmel und Erde, Sonne und Mond, hell und dunkel, links und rechts, Norden und

Süden, Geist und Seele und so weiter. Wer also in sich den Archetypus eines Tieres spürt, der sucht auch nach einer gegensätzlichen Ergänzung.

Waltraud fühlte sich sehr zum Archetypus Elefant hingezogen, aber sie meinte, daß in ihr auch der Schmetterling lebe. Das Sinnbild der Wandlung oder der Entwicklung der verschiedenen Lebensformen würde ihr Leben doch sehr bestimmen. Das Endziel, in Schönheit um die Blüten herumzuflattern, würde sie als Lebenssinn ansehen, »natürlich symbolisch gemeint«. Mit dieser Betonung beendete Waltraud ihre Ausführungen. Daneben locke sie aber die Sicherheit des größten Tieres der Erde mit dem Spannungsbogen vom Arbeitstier zum göttlichen Begleiter. Auch dies käme ihrer Wandlungsnähe sehr nahe. »Ein Schmetterling«, sagte sie, »hat sicher nicht die Geduld eines Elefanten, der andererseits wohl kaum so tänzerisch flattern kann wie der Schmetterling.« Waltraut war auch klar, daß der Elefant nicht so leicht verletzbar ist wie der zarte Falter, der zwischen zwei Fingern zerdrückt werden kann. Beides lebe aber in ihr: die Angst, zerrieben zu werden, und die zähe, dicke Haut, die sie sich in vielen Situationen zulegen kann.

Hier spielte aber sicher die Sehnsucht nach gegensätzlichen Erlebnissphären eine große Rolle, wie die anderen Teilnehmer feststellten. Mit Gegensätzen in sich zu leben ist sicher nicht leicht, wenn man die Archetypen real betrachtet. Aber andererseits bieten diese Gegensätze so viele aufregende Spannungsbreiten, die eine schöpferische und kreative Handlungsbereitschaft ermöglichen. Sicher können an dieser Polarität manche Menschen fast zerbrechen. Sie verleugnen dann den einen Archetypus, überschätzen den anderen und zwingen sich so zu einer Einseitigkeit. Aber Einseitigkeit kann niemals kreativ sein und wird vor allem das Leben nie voll ausschöpfen.

Die Kombination von Schmetterling und Elefant erscheint trotzdem sehr kraß, und diese Breite wird kaum häufig auftauchen, aber Waltraud spürte diese beiden Archetypen sehr klar in sich: »Seitdem ich weiß, was mich unbewußt mitführt, ist mir sehr viel wohler. Ja, ich weiß manchmal sogar, daß ich gerade dem Elefanten in mir folge, obwohl ich dem tänzerischen Schmetterling in mir nachkommen wollte.«

Elster und Eichhörnchen hätten es da sicher leichter, wie überhaupt die Harmonie eines Menschen mit davon abhängig erscheint, ob die Archetypen von Natur aus miteinander harmonieren. Dies kann man sich beispielsweise beim Delphin und dem Wal sehr gut vorstellen. Doch es sind immer die Gegensätze, die die Menschen in ideelle oder innere Höhen führen. Die Verbindung Adler und Affe beispielsweise wäre höchst interessant zu interpretieren. Auch die Bindung von Giraffe und Greif kann kreative Reaktionen auslösen, wenn die Lebenspraxis dadurch auch gehörig erschwert erschiene.

Die Eule, die den Schwan in sich fühlt

Die vielen Gegensätze, die bisher erörtert wurden, ermunterten auch Teilnehmerinnen, die sich fast nie an den Diskussionen beteiligten. Es war die stille, bedächtige und auch sehr nachdenkliche Klara, die in sich den Archetypus der Eule wähnte. Dieses dunkle Tier der Weisheit, das stets Todesgedanken nachzuhängen scheint, fordert ja geradezu dazu heraus, sich einem hellen Wesen wie dem Schwan anzuschließen. Der Schwan ist jedoch nicht nur das Symbol der Reinheit, sondern in diesem Archetypus lebt eben auch die Sage von Zeus, der Leda als Schwan begattete.

Tod und Erotik haben eine sehr intensive Verbindung, denn was wäre die Welt, wenn es nur den Tod und keine Neugeburt gäbe. Von daher schien es nur natürlich, daß Klara ihren Archetypus Eule ergänzen wollte. Die Frage war nur: War der Archetypus Schwan ein Wunschsymbol, oder lebte er tatsächlich in Klara? Klara vertrat die Ansicht, daß letzteres stimme. Seitdem sie sich mit den Tier-Archetypen beschäftige, sähe ihre Welt ganz anders aus. Und selbstverständlich lebe neben der Eule auch die Sehnsucht nach einem aufhellenden oder aufbauendem Symbol in ihr. Klara meinte: »Was nutzt alle Weisheit, wenn es keine Erotik gibt?« Dieser Ausspruch verblüffte, obwohl einige Teilnehmerinnen schon seit Tagen bemerkt hatten, daß sich Klara – zumindest äußerlich – gewandelt hatte: Sie schminkte sich sorgfältiger, erschien auch in der Kleidung lockerer und im Gespräch sehr viel freier. Ja, Ansätze des Flirtens wollten einige bereits bemerkt haben! Ihre Wärme und Güte waren weniger penetrant, erschienen im Ansatz sogar voller Liebreiz. Damit war ein neuer Aspekt aufgetaucht.

Der vorherrschende Archetypus vermag durchaus alle anderen Archetypen zurückdrängen. Aber je mehr man sich mit dem vorherrschenden Archetypus beschäftigt, um so intensiver begibt man sich auf die Suche nach seiner Ergänzung. Als Klara erkannte, daß die Eule in ihr fest verankert war, wußte sie damit zugleich, daß es dieses Erbe nicht allein sein konnte, was sie prägte. Als Eule fühlte sie sich durchschaut, aber mit dem anderen Archetypus hatte sie – was ihrer Sicherheit guttat – noch ein Geheimnis. Was nutzt alle Weisheit, wenn diese nicht zum Licht strebt, nicht zur inneren Helligkeit führt? Umgekehrt kann man folgern: Was nutzt alle Helligkeit, wenn man nicht das Dunkle spürt, das zum Licht drängt?

Auch der Esel brauchte seine Ergänzung, wenn diese auch auf neue Wege führte. Aber Eule und Schwan sind ja so weit gar nicht voneinander entfernt. Beide sind beliebte Wappentiere, und beide sind im Ansehen der Menschen hoch geachtet, im Gegensatz etwa zur Ratte oder zur Hyäne.

Es kommt also darauf an, sich nicht von einem Archetypus »erschlagen« oder typisieren zu lassen. Jeder Archetypus fordert seine Ergänzung förmlich heraus! Hier wird das Geheimnis der Polarität offenbart. Die Erkenntnis, wie nützlich für die Entwicklung eine klare Einseitigkeit ist, muß weichen. Nur realistische Menschen haben es zunächst vielleicht scheinbar leichter, aber sie müssen auf viele Horizonte verzichten, die in ihnen leben. Diese Realisten haben nur das unverdiente Glück, daß ihre Sehnsüchte so verdrängt sind, daß sie sie gar nicht spüren. Ist der erste, der vorherrschende Archetypus eine Kraft, die in uns lebt, so ist der zweite Archetypus, den man sogar als Adjutant bezeichnen kann, die Kraft, die im Hintergrund wirkt. Die Kräfte im Hintergrund wurden stets unterschätzt, und es waren die Psychologen, die – allerdings auf wissenschaftliche Art – uns auf diese Kräfte aufmerksam machten.

Da gab es noch Hannelore, die sich auch mit der Eule identifizieren konnte. Hannelore war recht depressiv, als sie zum Seminar stieß. Alles hatte sie ausprobiert, um sich von der Depression zu befreien. Wochen, ja Monate war sie in verschiedenen Krankenhäusern gewesen, aber alles nutzte nichts. Im Gegenteil: Diese Behandlungen führten zu einer Abhängigkeit von den jeweiligen Ärzten. Fuhren die sie behandelnden Ärzte in den Urlaub, brach Hannelore spätestens am zweiten Tag zusammen, weil sie in ihrer Depression ihre Abhängigkeit spürte.

Die Eule gewann Gewalt über sie. Sie sah offene Särge, Feuer um sich herum und andere gespenstische Bilder, die sie bedrohten. Hier war die Kraft im Hintergrund so verdrängt, ja man kann sagen, vergewaltigt, daß nur der Weg blieb, über das archetypische Erkennen auf innere Hilfe aufmerksam zu machen. Das konnte im Seminar nicht geschehen, dazu brauchte es schon einer weiterführenden psychologischen Behandlung. Dies Beispiel soll zeigen, wie sehr das archetypische Tier auch Gefahren signalisieren kann.

Fuchs, du hast die Gans gestohlen ...

»Fuchs, du hast die Gans gestohlen, gib sie wieder her, sonst wird dich der Jäger holen mit dem Schießgewehr!« – ein beliebtes Kinderlied, das bezeugt, daß wohl kein Raubtier bei den Menschen soviel Sympathie geweckt hat wie der Fuchs – mit Ausnahme des Adlers. Wenn jemand als »Fuchs« tituliert wird, so empfindet es der Betroffene durchaus auch als Lob und wird sich selbst voller Stolz als klug und schlau bezeichnen.

Tierfabeln dienten stets dazu, den Menschen einen Spiegel vorzuhalten, und ein eindrucksvolles Beispiel dafür ist das Werk von Goethe, das »Reineke Fuchs« heißt und auch als Theaterstück bearbeitet und mehrfach aufgeführt wurde.

Gilda war unsere Füchsin. Man mochte sie, und man bewunderte ihre Kunst, anderen eine Falle zu stellen. Um so erstaunter zeigten sich alle Teilnehmer, als gerade Gilda plötzlich äußerte, in ihr lebe wahrscheinlich neben dem Archetypus Fuchs der Archetypus Gans. Gilda wollte damit ausdrücken, daß sie sich stets als Täter und Opfer zugleich fühle. Nun, dies kann man so sehen; und es ist übrigens seltsam, daß beide Tiere für ihre Wachsamkeit bekannt sind, wobei sich allerdings für den Menschen die Gänse als hilfreicher erweisen. Gilda war die erste Person überhaupt, die sich bis jetzt für den Archetyp Gans bekannt hatte. Sie sagte: »Als Fuchs weiß ich sehr genau um die Gefahren der klugen Hinterlist. Da ich auch weiß, daß jede Charaktereigenschaft irgendwie einmal auf den Menschen zurückschlägt, nahm ich mir stets vor, auf der Hut zu sein, daß der Fuchs in mir nicht überhandnimmt. Vielleicht konnte ich deshalb nie an einem Gänsebratenessen teilnehmen. Irgendwie hatte ich das Gefühl, ich würde mich selbst verspeisen.«

Im Menschen gehen manche scheinbar merkwürdigen Abläufe vor, von denen man normalerweise nichts erfährt. Aber in einem Seminar wie dem unseren kommen solche Vorgänge zum Vorschein. Es gibt zum Beispiel viele Vegetarier, die den wahren Grund, warum sie nichts vom Tier essen, nicht nennen. Um nicht als zu versponnen zu gelten, sagen sie schlichtweg nur, daß sie Fleisch nicht mögen. Früher war es wohl leichter zu sagen; »Ich esse kein göttliches Wesen«, was heute durchaus noch in einigen Ländern (zum Beispiel Indien) als Argument gilt, wenn man das Fleisch einer heiligen Kuh nicht auf den Tisch bringt.

So kann es also geschehen, daß ein Archetyp den anderen bewacht oder gar ausgleicht. Dem »bösen« Fuchs wird nicht erlaubt, die Gans zu stehlen. Natürlich gibt ein Fuchs in der Natur niemals her, was er geraubt hat, auch wenn er im Kinderlied dazu aufgefordert wird, aber er hat eben nicht zu rauben. Tut er es im archetypischen Sinn – wie bei Gilda –, muß er vor sich selbst bewahrt werden.

Dies ist ein Beispiel, wie zwei Archetypen im Menschen diesem helfen können, seine Mitte zu finden. So gegensätzlich Fuchs und Gans auf den ersten Blick erscheinen mögen, so gut können sie sich ergänzen. In vielen Menschen lebt das Gefühl, Opfer und Täter zugleich zu sein. Dies allein ist ja schon eine angeborene Grundlage für die zu klärenden Schuldprobleme des Menschen, die nicht von einer Religion geprägt worden sind, die aber vielleicht einst zur Religion geführt haben. Gilda hatte das zunächst für sich, dann für alle Teilnehmer gut erkannt und erklärt.

Die Ratte setzt sich gerne auf ein Pferd

An Merkwürdigkeiten waren die Seminarteilnehmer schon gewöhnt. Nachdem Franz, ein Wirtschaftsprüfer, von der Ratte des Frankfurter Finanzbeamten gehört hatte, bekannte er sich auch zu diesem Archetypus. Franz gehörte gar nicht zum Seminar, er war im selben Hotel, um Geschäftsbücher zu prüfen, bat dann später, als Gast hin und wieder am Seminar teilnehmen zu dürfen.

Es ist immer schwierig, wenn in einem Seminar Fremde auftauchen, weil die Teilnehmer doch meist eine geschlossene Gruppe bilden, in der unbedingte Offenheit notwendig ist. Aber schließlich waren alle neugierig, wie sich ein »Fremder« zu diesem Thema äußern würde. Franz war sofort angetan, bekannte sich zur Ratte, obwohl er wie ein Löwe wirkte. Außerdem hatte er viel Humor, und am vorletzten Tag gestand er, daß sein Archetypus Ratte gerne auf seinem zweiten Archetypus reiten würde. Der zweite Archetypus war das Pferd.

»Soll die Ratte das Pferd zähmen?« warf Maria, die leidenschaftliche Reiterin, ein. »Warum nicht! Die Ratte als Lieblingstier Buddhas?«

Die Ratte kam in der chinesischen Astrologie weit vor dem Pferd. Da heißt es so schön, »daß das stolze Pferd unter dem doppelten Zeichen von Eleganz und Hitzigkeit geboren wurde. Die Ratte dagegen ist unter dem Zeichen des Charmes geboren.« Das würde also ganz gut zusammenpassen. »Und«, so führte Franz weiter aus, »ich kann mit beiden Archetypen etwas anfangen. Dabei – ich gebe es zu – dominiert die Ratte, aber sie zeigt mit Stolz an, daß sie auf einem hohen Roß sitzt und alle überragt.«

Es ist vielleicht wichtig, noch einmal darauf aufmerksam zu machen, daß man sich auch in der chinesischen Astrologie bei der Interpretation nie von einem einfachen Naturalismus leiten lassen sollte. Es handelt sich hier vielmehr um transzendente Tiere, Tiere als Symbole, wie sie uns in Fabeln und Märchen und Legenden erscheinen. Sie sind Spiegelbilder, die das, was in uns vorgeht, reflektieren. In der Natur ist eine Ratte als Reiterin oder Reiter auf einem Pferd undenkbar, aber als Symbol bekommt dieses Bild eine recht tiefe Bedeutung.

Die Ratte zeigt archetypisch gesehen sehr viel Ehrgeiz und Spürsinn. Sie ist bereit, sofort herbeizueilen, wenn ihr Herr (Buddha) sie ruft. Durch ihren Fleiß verspricht sie gute Zeiten. Daß sie daneben anstrebt, auch etwas vom Leben zu haben und anerkannt zu werden, schließt das andere nicht aus. Tief in den Menschen lebt die Überzeugung, daß das Pferd einem Statussymbol entspricht. Es ist nicht leicht, in einen Reitclub aufgenommen zu werden. Viele müssen sich da erst einkaufen oder einheiraten. Das Wort »Ritter« hängt mit »Reiter« eng zusammen, und der Begriff »Ritter« strahlt noch heute eine Besonderheit aus.

Dies bewegte Franz, der seine archetypischen Ratten-Eigenschaften durchaus für sich akzeptierte, aber äußere Anerkennung über das Pferd suchte. Nur muß das eben erkannt werden, um beiden Archetypen gerecht zu werden, sonst könnten sich die zwei ganz schön ins Gehege kommen. So ohne weiteres wird das archetypische Pferd die archetypische Ratte wohl kaum als Reiter aufsitzen lassen!

Der Spatz, der auf der Schildkröte tanzt

Silke hatte sich von Anfang an mit ihrem ausgewählten Archetypus Schildkröte sehr schwer getan. Sie sehnte sich nach dem dicken Schutz dieses Tieres, auch das lange Leben war ein Wunschbild. Das ewige Kriechen störte Silke nicht, denn jetzt hatte sie für sich einen Adjutanten entdeckt: den Spatz. Der Spatz auf der Schildkröte ist nun in der Natur leichter vorstellbar als die Ratte auf dem Pferd, aber ungewöhnlich ist auch dieses Bild: das ganz auf die

Erde konzentrierte Tier, das sich mit einem Luftikus vereint. Die Schildkröte kann sich ja gegen die Inbesitznahme durch den Sperling gar nicht wehren. »In mir fühle ich einfach auch die Munterkeit des Spatzen, zumindest die Sehnsucht danach, weil mir ja schon in der Kindheit alle Munterkeit ausgetrieben wurde. Und ich möchte so gern hier und dort sein, auf dem Land wie in der Stadt. Und der Spatz findet doch überall seine Nahrung.«

»Nun, das mit der Nahrung wird auch für den Sperling immer schwieriger«, warf der Seminarleiter ein. Doch Silke erwiderte fast übermütig: »Pferdeäpfel sind rar geworden, aber Brotkrümel, Beeren und Insekten wird es immer geben.« Bildlich war das sicher richtig, und wenn man sich vorstellt, daß sich die Trägheit der Schildkröte mit der Munterkeit des Spatzen verbindet, dann gibt es eine interessante archetypische Kombination. Das Schwierige daran ist die Tatsache, das man oft nicht weiß, welcher Archetyp in bestimmten Situationen vorherrscht! So muß eben gelernt werden, damit umzugehen: Der Spatz muß wissen, wann seine kesse Munterkeit nicht gefragt ist, wann der kraftsparende Einsatz der Schildkröte das Regiment zu führen hat. Und die etwas träge Schildkröte muß dem Spatz die Führung überlassen, wenn es geboten scheint.

Der Umgang mit seinen Archetypen verlangt immer Übung. Allein das Wissen darum reicht nicht aus, wenn es auch schon hilft, zur Selbsterkenntnis zu kommen. Wenn der Typ »Freut euch des Lebens« durch den Spatz angesprochen erscheint, deckt dieses Motto durchaus noch nicht die Mühe der Schildkröte auf, ihre Lasten zu tragen.

Beide Archetypen – Spatz und Schildkröte – haben eine gute und gemeinsame Basis: ihre Bescheidenheit. Wer nicht zu hohe Ansprüche stellt, wird auch selten enttäuscht. Das ist eine ungeheure Hilfe. Wenn dagegen der Tiger in einem Menschen sich mit einer Schnecke paart, dann scheinen schon die Grundansprüche ans Leben recht problematisch. Ratte und Pferd haben dagegen im Tiefsten dieselben Ansprüche, so verschieden sie uns auch erscheinen mögen. Schwalbe und Wolf dagegen werden vordergründig kaum zusammenfinden, genausowenig wie die Giraffe mit dem Igel harmonieren würde. Aber natürlich sollte die Suche nach einem gemeinsamen Weg nicht aufhören!

Wer paßt zu wem?

Am letzten Tag des Seminars wurde Bilanz wurde gezogen, und Ausblicke wurden erörtert. Natürlich – der Referent hatte schon lange darauf gewartet – tauchte die Frage auf, ob sich denn diese Archetypen in der Partnerschaft auswirken. Diese Frage ist nur zu bejahen. Natürlich, wo die Liebe vorherrscht, spielt das wohl kaum eine Rolle, denn die Liebe siegt über alles. Liebe bedeutet auch, das wurde noch herausgearbeitet, daß etwas verrückt ist, daß die Realität unwichtig ist, daß der Kopf beiseite gelassen wird. Dann spielen auch gegensätzliche Archetypen kaum eine Rolle. Dann kann der Archetyp Esel mit dem Archetyp Delphin, oder der Kranich mit dem Kolibri gut, ja eng verbunden leben.

Aber bei welcher Partnerschaft ist schon alles für ein Leben lang verrückt? Es gibt so viele vernünftige Bindungen, so viele Partnerschaften, die auf gemeinsamen Berufsinteressen beruhen, da ist es einmal gut, den Archetypus des Partners zu kennen, und zum anderen muß gelernt werden, damit richtig umzugehen. Herrscht bei ihm etwa der Orang-Utan vor, bei ihr jedoch das Beuteltier Koala (der kein Bär ist), dann hat sie es in der Partnerschaft sicher mit einem verwöhnten Pascha zu tun. Äußerlich passen wohl beide recht gut zusammen, weil die Koalas ja wie Teddybären aussehen, aber dieses Tier hat – wie alle Beuteltiere – doch archetypisch in sich den Wunsch, Kinder zu bekommen und eine Familie zu gründen. Da werden eher die Kinder verwöhnt als der Pascha-Vater, womit viele Konflikte bereits vorprogrammiert sind. Das macht nichts, wenn die Probleme erkannt werden.

Wenn eine weibliche Schnecke auf einen männlichen Hasen trifft, dann scheinen Schwierigkeiten unausweichlich. Ehe sie sich aus dem Haus bewegt, hat er schon dreimal die Erde umfahren. Hier bestimmt der Archetypus derart unterschiedliche Temperamente, daß man bei einer Bindung einfach vorsichtig, also vorausschauend sein sollte. Sicher kann sich das Tempo mit der steten Langsamkeit arrangieren, weil das Rasante dann gebremst und das Bedächtige angespornt wird. Dies geht aber in der Regel nur bei gemeinsamen Interessen, etwa wenn er die Aufträge hereinbringt, sie aber für die Qualität der Auslieferung zuständig ist. Trotzdem muß die Schnecke dem Hasen wahrscheinlich einen gewissen Freiraum (»Auslauf«) geben.

Recht unglücklich wird eine Bindung zwischen Kuckuck und Storch ausgehen. Zwar sorgen sich beide um den eigenen Nachwuchs, und der Storch tut dies nie auf Kosten anderer. Der Archetyp Kuckuck jedoch wird zweifellos alles für seine Brut tun – vielleicht mit rücksichtslosem Einsatz –, damit seine Nachkommen Erfolg im Leben haben und gute Stellungen beziehen können. Dies hat etwas von Schmarotzertum an sich, das der Storch nicht kennt. Er denkt zuerst an das Wohlbefinden seiner Kinder und an ihr Glück. Dann läßt er sie allein in die weite Welt fliegen.

Diese Beispiele zeigen, wie wichtig die Tier-Archetypen in Partnerschaften sind. Sie prägen uns ein Leben lang. Der

Archetypus ist keine Charaktereigenschaft, er ist im Menschen tief verwurzelt.

Im Laufe der letzten Stunde tauchte dann die Frage auf: »Wenn dies bei der Partnerschaft wichtig ist, dann doch auch für alle anderen Begegnungen?« Zweifellos ist es vorteilhaft, wenn man dem Archetypus seiner Vorgesetzten auf die Spur kommt. Viele Vorgesetzte tragen den Archetypus Löwe in sich. Sie wollen an die Spitze kommen, über allen anderen der König sein, aber sie spiegeln sich auch gerne im Schein der Sonne. Meist sind sie für Schmeicheleien empfänglich und haben es gerne, wenn andere ihre Arbeit tun. Erkennt man ihre Sonderposition an, sind sie um den Finger zu wickeln. Eine Sekretärin, die den Archetypus der Biene in sich trägt, kommt mit diesem Vorgesetzten sicher ausgezeichnet aus. Umgekehrt wäre es nicht gut, falls der Chef mit dem Archetypus Biene ausgestattet ist und »die rechte Hand« sich als Löwin fühlt. Da wird die Löwin wohl manchen Stichen ausgesetzt sein, und letztlich das Feld räumen müssen.

In der Showbranche hat der Pfau großen Erfolg, denn er strahlt für die Masse eine gehörige Faszination aus, aber wenn es dieser Pfau mit einem nüchternen Steinbock zu tun bekommt, dann wird er wohl manche Federn lassen müssen. Gefährlich im Berufsleben – vor allem für die Kolleginnen oder Kollegen – erscheint das Krokodil, das sich langsam aber sicher zur Spitze durchfrißt, während der Archetypus Schmetterling kaum für eine ständige und nüchterne Arbeit geeignet erscheint. Im Außendienst kann er aber manche Erfolge erlangen. Übrigens braucht jeder größere Betrieb auch einen Geier, der die Arbeit leistet, die immer übrigbleibt und von keinem gern übernommen wird.

Die Buchhaltung könnte in kleinen oder mittleren Betrieben durchaus der Archetypus Eichhörnchen übernehmen, während der Chef vom Archetypus Adler geprägt sein sollte, besonders dann, wenn er auch nach außen repräsentieren soll. Der Vorstandssprecher einer Bank sollte also schon diese Fähigkeiten haben, oder vom Archetypus Falke oder Tiger etwas durchschimmern lassen.

Die Presseabteilung wäre gut vom Elefanten oder der Giraffe vertreten, während der Archetypus Skorpion die Produktion überwachen sollte. Die Werbung allerdings sollte möglichst der Archetypus Pfau leiten, besonders wenn es sich um modische Dinge handelt.

Auch für Eltern könnte es vorteilhaft sein, über den Archetypus die Lehrer ihrer Kinder besser zu verstehen. Steinbock oder Pferd wären da sicher vorteilhaft.

Daß diese Betrachtungsweise auch für Personen zutrifft, die in die Politik gehen, versteht sich von selbst.

Alle Archetypen können überall ihren Platz finden, es kommt nur darauf an, die richtigen Personen in die richtige Position zu bringen. Das Gebiet scheint unendlich weit. Worauf es ankommt, ist zu begreifen, daß die Natur zwar einen Anhaltspunkt gibt, um das Archetypische festzuhalten, daß die Tiere jedoch in diesem Fall eben nur Symbole sind. Aber irgendwann und irgendwie wird man gewahr, daß in diesem übertragenen Sinn ein Tier in uns spricht und handelt.

Bemerkenswert ist, daß die Tierarchetypen nicht im familiären Sinn vererbbar sind. Der Vater kann vom Archetypus Lamm geprägt sein, und die Mutter kommt dem Archetyp Ziege nahe. Die Tochter entspricht dem Archetyp Schlange, während der älteste Sohn mehr vom Archetyp Erdmännchen geführt wird, und der Jüngste handelt dann vielleicht eher, als sei er vom Archetyp Hydra geformt worden. Gerade in der Familie kann man sehen, daß alle Archetypen nebeneinander leben können und müssen – dies ist auch ein Weg zur Toleranz.

Eigene Fehler sind so besser zu begreifen und damit vielleicht abzustellen, obwohl der Archetyp nie zu verwandeln ist. Jahrelange Erfahrungen haben dies immer wieder bestätigt. Aber das ist auch nicht nötig, denn es gibt – das sei noch einmal ausdrücklich wiederholt – keine guten oder keine bösen Archetypen. Die Begriffe wie gut und böse haben hier überhaupt nichts zu suchen. Alles und jedes hat seine Schatten – aber vor allem auch seine Lichtseiten.

Schlußbetrachtung

Die Beschäftigung mit dem archetypischen Tier im Menschen ist unterhaltsam, aber sie kann ebenso lehrreich sein. Auf spielerische Art lernt man sich und andere besser verstehen, man wird toleranter, verständnisvoller.

Was als Gesellschaftsspiel beginnt, vermag durchaus in psychologische Gebiete zu führen. Es erstaunt in der Praxis immer wieder, wieviel schneller man damit sich selbst, den Partner, Vorgesetzte und Nachbarn erfassen kann.

Wohl wird der entsprechende Archetyp nicht auf den ersten Blick zu erkennen sein, dafür ist auch eine gewisse Selbstkritik notwendig, aber mit der Zeit entwickelt sich ein Raster, wenn man sich auf die hier vorgestellten Beschreibungen stützt. Das verlangt kein Auswendiglernen, weil die archetypischen Eigenheiten der jeweiligen Tiere sofort aufgenommen werden können. Unsere Seele weiß um diese Prägungen, die mit dem Kopf allein nicht verstanden werden.

Wichtig ist, daß man den Spaß an dieser Erkenntnissuche nicht verliert. Und was die eigene Prägung angeht, muß man immer fragen: »Wie sehen mich denn die anderen?« Die meisten Menschen sind nun einmal blind gegen sich selbst, denn das eigene Bild ist mit Wünschen besetzt, wie man gesehen werden will!

Literaturhinweise

Alfred J. Bierach: *Hinter der Maske: der Mensch. Durchschauen Sie Verstellung und Rollenspiel!* Ariston Verlag, Kreuzlingen/München 1988.

Alfred J. Bierach: *In Gesichtern lesen. Menschenkenntnis auf den ersten Blick,* Ariston Verlag, Kreuzlingen/München 1989.

Alexander Eliot: *Mythen der Welt,* Verlag C. J. Bucher, Luzern 1976.

Jean-Michel de Kermedec: *Lehrbuch der chinesischen Astrologie,* Ebertin, Freiburg 1983.

Dr. Heinz Lichem von Löwenbourg: *Handbuch der Zahlen und Symbole,* Orbis, München 1993.

Bernd A. Mertz: *Ägypten,* Goldmann, München 1991.

Bernd A. Mertz: *Griechenland,* Goldmann, München 1991.

Bernd A. Mertz: *Das Grundwissen der Astrologie. Persönlichkeit, Lebensplan, Partnerschaft, Zukunft.* Ariston Verlag, Kreuzlingen/München 1990.

Bernd A. Mertz: *Der Weg zum Horoskop,* mvg, Landsberg 1994.

Bernd A. Mertz: *Die Praxis der Handanalyse. Eine Methode, um sich und andere zu erkennen.* Ariston Verlag, Kreuzlingen/München 1995.

Bernd A. Mertz: *Esoterik – Der Weg zum geheimen Wissen,* Ullstein, Berlin 1996.

Eckart Pott: *Ravensburger Tierlexikon von A–Z,* Ravensburg 1993.

Bruno P. Schliephacke: *Bildersprache der Seele,* Verlag Dr. Will Noebe, Berlin 1970.

Notizen

Notizen

Notizen

Notizen

Notizen

Notizen

Notizen

Notizen